Accessoires en Fleurs de Ruban

リボンでつくる 花のアクセサリー

小倉ゆき子

ギャザーの花のチョーカー
作り方➡54ページ

NHKおしゃれ工房

リボンでつくる
Accessoires en Fleurs de Ruban
花のアクセサリー
Contents

サテンリボン	多色づかいのコサージュ	7	→ 51
	バラのコサージュ	7	→ 50
	ギャザーの花A・Bのコサージュ	8	→ 52
	水玉模様のコサージュ	8	→ 53
	オールドローズのコサージュ	8	→ 53
	トートバッグ	8	→ 54
	ひまわりのコサージュ	9	→ 68
	ギャザーの花Aのコサージュ	裏表紙	→ 52
オーガンジーリボン	巻きバラのオーナメント	11	→ 55
	ギャザーの花の飾り箱	11	→ 56
	ギャザーの花のマフラー	12	→ 56
	ギャザーの花とオールドローズのチョーカー&ブレスレット	13	→ 58
	ギャザーの花のチョーカー&ブレスレット	13	→ 58
	ギャザーの花のコサージュ	14	→ 59
	ギャザーの花のネックレス&イヤリング	14	→ 60
	オールドローズのオーナメント	15	→ 60
	オールドローズの巾着	16	→ 62
	ギャザーの花A・Bの巾着	16	→ 63
	ギャザーの花Bとフローラルテープの巾着	17	→ 62
	ギャザーの花Bの巾着	17	→ 63
	ギャザーの花Dとフローラルテープの巾着	カバーの内側	→ 57
ジョーゼットリボン	巻きバラのコサージュ	18	→ 64
グラデーションリボン	飾りひも	19	→ 65
ワーブレスリボン	ブレスレット	21	→ 65
	ラリエット	21	→ 62
	チョーカー	21	→ 66
	3連ネックレス	21	→ 66
	ブレード入りストラップ	22	→ 64
	ビーズ付きストラップ	22	→ 66
	ファッションベルトA	23	→ 68
	ファッションベルトB	23	→ 68
ジャカードリボン	ギャザーの花のコサージュ	24	→ 78
ベルベットリボン・別珍リボン	市松柄の巻きバラのコサージュ	25	→ 67
	パッチワークのマフラー・スミレ	26	→ 67
	巻きバラのコサージュ	26	→ 69
	パッチワークのマフラー・バラ	27	→ 70
	ギャザーの花の巾着	27	→ 70
フローラルテープ	ギャザーの花のチョーカー	1	→ 54
	星座のオーナメント	29	→ 71
	ファッションベルト・オールドローズ	30	→ 76
	ファッションベルト・ギャザーの花	31	→ 77
エンブロイダリーリボン	プリーツの花のオーナメント	32	→ 78
	プリーツの花の巾着	カバーの内側	→ 57
シェニールリボン	メガネコード&ストラップ	33	→ 79
ブレード	パーティーバッグ&メガネコード	34	→ 79
ストレッチツイストコード	メガネコード	35	→ 79

- リボンの歴史……3
- この本に登場するリボンの花8種……4
- この本で使ったリボンとテープ類……36
- 基本の花8種の作り方とテープの扱い方……38
- ステッチの刺し方とビーズのつけ方……69

リボンは、いつ頃どこで生まれたのでしょうか。フランスのリヨンから南西約60kmのところに、サンテチエンヌという町があり、ここがリボン発祥の地です。1517年に、イタリアのボローニャの職人によってサンテチエンヌに伝えられたリボン産業は、無地の細いリボンなど簡単なものを中心に少しずつ発展していきました。17世紀に入り、やがてブルボン王朝の時代になるとリボンは貴族のファッションに欠かせないものとなり、急速に発展をはじめます。1789年のフランス革命時には、サンテチエンヌで2万5000人もの人がリボンの仕事に関わっていたといいます。

19世紀に入ると、ジャカード織り機の発明により、リボン産業はますます進展していきます。ジャカード織り機を使うと、無地のリボンだけではなく紋織りのものや耳飾りのあるもの、柄物などを織ることができます。1830年頃には幅10cmぐらいのリボンまで織ることができるようになりました。この時代のリボンは、当時のファッションの影響から、とても緻密で繊細なデザインが多く、色合いも淡いものが主流でした。

1870年代以降になると、優雅で豪華なリボンが織られるようになり、幅40cmぐらいのものも登場したといわれます。20色も使って複雑な模様を表現するジャカード織りのリボン、ほぐし捺染（なっせん）という特殊な染織技法のリボン、ビロードのリボンなどが作られたのもこの頃。デザインや色、織りや染めの技術が最高の水準に達し、まさにフランスの絹リボンの黄金時代でした。これらのリボンは、パリのオートクチュールだけでなく、世界に向けて輸出され、日本の鹿鳴館時代(1883〜1887年)の舞踏会のドレスにも使われたのです。

このように繁栄を極めたサンテチエンヌのリボンですが、第1次世界大戦(1914〜1918年)後のファッションの変化によって、転機を迎えます。ココ・シャネルがそれまでのエレガントで豪華な装いとは全く異なる、シンプルで機能的なファッションを打ち出したことも、リボンが衰退する要因の一つでした。さらに、世界大恐慌(1929年)や第2次世界大戦(1939〜1945年)の影響を受け、サンテチエンヌのリボン産業は次第に落ち込んでいきました。現在のサンテチエンヌには、当時のリボンメーカーが1社残っており、伝統を守りながらエレガントなリボンを作り続けています。

その一方で、日本のリボンメーカー、'MOKUBA'に代表されるように、現代に合わせた新しいリボンがたくさん登場しています。昔は絹のリボンがほとんどでしたが、現代は化学繊維の特質を生かしたさまざまなリボンが開発され、リボンのイメージも変わりつつあります。

リボンの歴史

1780年前後にサンテチエンヌで作られたリボン。どちらもバラの模様が織り出されている。
協力・資料所蔵／株式会社 木馬

ギャザーの花A
輪にしたリボンを縫い縮めて作ります。
作り方➡38ページ

この本に登場する

ギャザーの花C
リボンの表だけが出るように作ります。
作り方➡41ページ

ギャザーの花B
リボンの表と裏が交互に出るように作ります。
作り方➡39ページ

ギャザーの花D
花びらの色を変えて作ります。
作り方➡43ページ

巻きバラA
リボンを内側にねじりながら巻きつけて作ります。
作り方➡45ページ

オールドローズ
リボンを折り重ねて、縫い止めながら作ります。
作り方➡44ページ

リボンの花8種

巻きバラB
リボンを外側に倒しながらクルクルと巻いて作ります。
作り方➡46ページ

プリーツの花
リボンを折り重ねて作ります。
作り方➡48ページ

サテンリボン
Satin Ribbon

繻子織りで織られたサテンリボンは、手触りが滑らかで光沢があり、
コサージュや子ども服の飾りのほか、ラッピングのリボンにもよく使われます。
材質はシルクやポリエステルなどがあり、それぞれ生地の表情が微妙に異なります。
デザインはプレーンなもの以外に、フリルやピコットの耳飾りがついたもの、
水玉や花模様が織り込まれたものなど、バリエーションは豊富です。

多色づかいのコサージュ

バラのコサージュ

花びらの色が異なるギャザーの花Dに、さらにギャザーの花を花しん部分に重ねて華やかさを出したデザイン。花びらの色は同系色でまとめると落ち着きます。
作り方➡51ページ

ギャザーの花Cのアレンジです。4枚の花びらを広げる途中でバラのつぼみの形にします。オーガンジーリボンの葉を添えて。
作り方➡50ページ

ギャザーの花A・Bのコサージュ

ギャザーの花Bにギャザーの花Aを重ねて、ボリューム感を出した大ぶりのコサージュ。花しんにストレッチツイストコードをあしらってアクセントに。
作り方➡52ページ

水玉模様のコサージュ

サテン地に水玉模様が織り込まれたおしゃれなリボンで作ったギャザーの花C。花びらが多いので、一層華やかさが引き立ちます。
作り方➡53ページ

オールドローズのコサージュ

淡いピンクと同系色のオーガンジーリボンの葉の組み合わせが上品。優しい色のニットやブラウスに。
作り方➡53ページ

トートバッグ

ざっくりとした風合いの生地に、ギャザーの花Cを並べたカジュアルなバッグ。花しんにモールを使って、個性的な花に仕上げました。
作り方➡54ページ

リボンを折り重ねて作った
プリーツの花は、キュート
なひまわりのよう。光沢の
ある鮮やかなサテンリボン
にオーガンジーリボンを重
ねると、優しい色合いにな
ります。ポイントになって
いる花しんには、半分にカ
ットされたワープレスリボ
ンを使用。
作り方➡68ページ

ひまわりのコサージュ

Satin Ribbon

オーガンジーリボン
Organdy Ribbon

オーガンジーは薄地で透け感のある平織りに、麻のようなシャリ感と
張りを持たせたもので、繊細な手触りと独特の光沢が特徴です。
リボンでは、プレーンなデザインのもののほかに、
プリーツやストレッチ加工をほどこしたものや、耳にビーズやフリルをあしらったもの、
2色染めした玉虫オーガンジーなどがあります。

半月形の台に小さな巻きバラをぎっしりと敷き詰めました。透け感のある優しいオーガンジーリボンならではのデザインです。両端にひもをつけて、パーティー用のアクセサリーに。
作り方➡55ページ

箱のふたの部分に、小さなギャザーの花Cをあしらって、オリジナルのギフトボックスに。花の間からのぞくグリーンのワープレスリボンがアクセント。箱の本体にもリボンを巻いて。
作り方➡56ページ

巻きバラのオーナメント

ギャザーの花の飾り箱

リボンだけで作ったマフラーです。幅広のオーガンジーリボンでギャザーの花Bを作り、プリーツのオーガンジーリボンに通しただけ。シンプルなニットのアクセントに。
作り方➡56ページ

ギャザーの花のマフラー

Organdy Ribbon

ギャザーの花の
チョーカー
&ブレスレット

ギャザーの花とオールドローズの
チョーカー&ブレスレット

ギャザーの花Aとオールドローズを交互に配したおしゃれなアクセサリー。レース風のリボンの色に合わせて同系色でまとめると、大人っぽい雰囲気になります。
作り方➡58ページ

小さなギャザーの花Aをあしらったシンプルで可憐なデザイン。花をつける位置はお好みで。
作り方➡58ページ

オーガンジーリボンで作った優しげなギャザーの花B。ワープレスリボンとビーズを組み合わせて、量感のある華やかなコサージュに。
作り方➡59ページ

ギャザーの花のコサージュ

ギャザーの花のネックレス&イヤリング

ギャザーの花Bと繊細なビーズを組み合わせたアクセサリー。
作り方➡60ページ

愛らしいオールドローズの魅力がいっぱいのオーナメントは、ハート形、円形、バスケット形の3タイプ。いずれもブローチや髪飾り、バッグや帽子のアクセサリーなどに。
作り方➡60ページ

オールドローズのオーナメント

Organdy Ribbon

Organdy Ribbon

オールドローズの巾着
オールドローズを5個並べて愛らしさを強調。
作り方➡62ページ

ギャザーの花A・Bの巾着
ギャザーの花Bの上にギャザーの花Aを重ねて。
作り方➡63ページ

ギャザーの花Bとフローラルテープの巾着

フローラルテープを小枝の
ように使ってアクセントに。
作り方➡62ページ

ギャザーの花Bの巾着

ギャザーの花Bを大小重ね
て華やかさを。
作り方➡63ページ

ジョーゼットリボン
Georgette Ribbon

ジョーゼットは薄く透け感があり、しぼのある織物です。もともとは平織りですが、たて糸、よこ糸ともに強い撚りをかけた糸で織るために、独特のしぼが生まれます。そのしなやかな質感は上品で形くずれしにくく、コサージュなどを作るのに最適。サテン地の耳のプレーンなもののほかに、優雅な雰囲気のプリーツ加工したものも。

しなやかで優雅なジョーゼットリボンで作った巻きバラのコサージュは、ピンク、オレンジ色、ホワイトの3種。ボリューム感を出したいときは、プリーツタイプを効果的に使うと、華やかな雰囲気に仕上がります。
作り方➡64ページ

巻きバラのコサージュ

高級な極細のポリエステル糸を使ったリボンは、丈夫で形くずれしにくいのが特長です。小さなギャザーの花を留めつけて、チョーカーやブレスレットに。ギフト用のリボンにも最適。
作り方➡65ページ

飾りひも

グラデーションリボン
Gradation Ribbon

たて糸にポリエステルの段染めの糸を、よこ糸にナイロンの透明糸を使って、
微妙なグラデーションを織り出しています。
レース地のような繊細な仕上がりのリボンは、
質感と色合いを生かして、アクセサリーリボンとして使いましょう。

ワープレスリボン
Warpless Ribbon

ワープレスリボンには中央部分だけたて糸がありません。
これを真ん中からカットするとフリンジになり、本書の作品では主に花しんなどに使いました。
また、たて糸がないという特性を生かして、
よこ糸の部分を縫い通して楽しむアイデアも紹介しています。

ブレスレット

縫い通したワープレスリボンを2連にしてブレスレットに。ギャザーの花Bがアクセント。
作り方➡65ページ

ラリエット

ワープレスリボンに同系色のビーズを組み合わせたシンプルなデザイン。
作り方➡62ページ

チョーカー

部分的に縫い通したワープレスリボンに控えめなビーズを通した3連のチョーカー。ギャザーの花Bを2つつけて華やかに。
作り方➡66ページ

3連ネックレス

パステルトーンのワープレスリボンに透明ビーズをたっぷりあしらうと、ボリューム感が出ます。
作り方➡66ページ

Warpless Ribbon

ブレード入りストラップ
ワープレスリボンのよこ糸にブレードを通してオリジナルリボンを作り、それをストラップに。ブレードのゴールドとシルバーの糸が華やかです。
作り方➡64ページ

ビーズ付きストラップ
縫い通したワープレスリボンに、透明感のある大ぶりのビーズをつけておしゃれに。リボンとビーズは同系色でまとめて大人っぽく。
作り方➡66ページ

ファッションベルトA

大きなバックルの輪に、2色づかいの丈夫なリボンを左右から通してチェーン感覚のベルトに。先端にはビーズをさり気なくあしらいました。
作り方➡68ページ

ファッションベルトB

素材違いのワーブレスリボンを2本ずつつけると、ボリューム感がアップ。細いリボンには部分的にビーズをつけてアクセントに。
作り方➡68ページ

ジャカードリボン
Jacquard Ribbon

模様を織り出したリボンのことで、19世紀の初めにジャカード織り機が発明されると、さまざまな紋織のリボンが織られるようになり、リボン産業は増々進展していったといわれます。写真のリボンはキュプラ糸を使用したシルクの風合いのジャカードリボンで、和の感じを表現しています。

ジャカードリボンで作ったギャザーの花Cと、オーガンジーのプリーツリボンで作ったギャザーの花Aの組み合わせ。和風感覚のリボンは、かんざしの金具をつけて着物の髪飾りにも。
作り方➡78ページ

ギャザーの花のコサージュ

市松柄の
巻きバラのコサージュ

インパクトのある市松模様のリボンの雰囲気を生かして、シンプルなバラのコサージュに。マフラーや帽子に最適です。
作り方➡67ページ

ベルベットリボン・別珍リボン
Velvet & Velveteen Ribbon

ベルベットはビロードのことで、光沢のある滑らかな織物。別珍は別名をベルベッチンといい、表面がパイル状になったリボンです。また、ベルベットは片面パイルですが、ベルベッチンには両面パイルのものがあります。
写真中央のフリル付きのリボンは、両面とも別珍で重厚感があります。
その左は片面ベルベットで、ソフトな風合いと光沢の美しさが印象的です。

Velvet &

ベルベット、サテンなどの
リボンをつなぎ合わせた、
手縫いのプチマフラー。留
める部分のリボンには、ス
ミレをイメージしたギャザ
ーの花Bを3つ並べました。
作り方➡67ページ

パッチワークのマフラー・スミレ

巻きバラのコサージュ

上の2つはベルベットリボ
ンを、下はフリル付きの別
珍リボンを使って巻きバラ
に。リボンや葉の質感によ
って、雰囲気が変わります。
作り方➡69ページ

Velveteen Ribbon

ギャザーの花の巾着

ベルベットリボンで作ったギャザーの花Bと、モールで作った葉の組み合わせが新鮮。アクセサリー入れに。
作り方➡70ページ

パッチワークのマフラー・バラ

バラのイメージにふさわしく、ローズ系のベルベット、別珍、サテンなどのリボンをバランスよく組み合わせて。リボンのさまざまな表情が味わえます。
作り方➡70ページ

シックな色合いのベルベットのコサージュは、シンプルなドレスのポイントに。作り方は26ページの巻きバラのコサージュを参照。

フローラルテープ
Floral Tape

細幅のリボンに、織機を使って花や、枝、葉などを表現した個性的なデザイン。花や葉は、片側だけについたものや両側についたものなど、いくつかのバリエーションがあります。装飾性のあるリボンなので、布地にこのまま縫い止めて使われることが多いようです。

さそり座

上・魚座
下・山羊座

牡牛座

星座のオーナメント

愛らしいフローラルテープで12星座をイメージ。ペンダントトップやブローチなど、自由にアレンジしてください。ここで紹介したもの以外の星座については、75ページ参照。
作り方➡71ページ

水がめ座

射手座

獅子座

黒地の別珍をキャンバスに、ローズガーデンのイメージで、全体を華やかに演出したベルト。薄紫色のオールドローズをポイントに、同系色のフローラルテープやモールをあしらいました。フローラルテープにはリボン刺しゅうでバラの花をアクセントに。ベルトの結びひもは、ストレッチツイストコードを使用しています。
作り方➡76ページ

ファッションベルト・オールドローズ

ファッションベルト・ギャザーの花

Floral Tape

こちらは小さなギャザーの花をポイントにしたベルト。3種類のフローラルテープを効果的に組み合わせることで、愛らしいギャザーの花がより引き立ちます。
作り方➡77ページ

エンブロイダリーリボン
Embroidery Ribbon

リボン刺しゅうに使う細幅のリボンです。プレーンな無地のほかに、耳に飾りのピコットがついたぼかしリボンもあります。幅が細いので、プリーツの花を作ると可憐な印象に。

ぼかしのピコットリボンで作ったインパクトのあるプリーツの花は、単独でも集合で使ってもキュート。アクセントの花に最適です。
作り方➡78ページ

プリーツの花のオーナメント

シェニールリボン
Chenille Ribbon

シェニール(モール糸)を織り込んだリボン。一種のパイル織りなので、ボリューム感があり、しっかりとしたひも状のリボンです。質感と色合いの愛らしさから、メガネコードやストラップのほか、ラッピング用にもおすすめ。

リボンの色に合わせてビーズを組み合わせると、オリジナルデザインに。作り方➡79ページ

メガネコード&ストラップ

ブレード
Braid

装飾的なひもタイプのリボンです。レーヨンやアクリル糸に、ゴールドやシルバーのメタリックコードを組み合わせているので、細くても仕上がりは華やか。ゴージャスな雰囲気を出したいときに効果的です。

ゴールドとパープルを組み合わせた優雅なブレードをあしらったバッグ。おそろいのブレードでメガネコードを。パープルの透明ビーズがおしゃれ。
作り方➡79ページ

パーティーバッグ&メガネコード

透明のビーズを通してメガネコードに。色が豊富なので、メガネのフレームの色とコーディネートできます。
作り方➡79ページ

メガネコード

ストレッチツイストコード
Stretch Twistcord

ポリエステルとナイロン素材を使用した伸縮性のある2色コンビのリボン。
メガネコードやストラップのほか、
アクセサリーのひもに最適です。

この本で使った　リボンとテープ類

サテンリボン
Satin Ribbon

- レーヨンサテンリボン
- サテンリボン
- フリルサテンリボン
- 水玉サテンリボン
- 花柄サテンリボン

オーガンジーリボン
Organdy Ribbon

- オーガンジーリボン（玉虫色）
- サテンオーガンジーリボン
- ストレッチフリルオーガンジーテープ
- プリーツオーガンジーリボン

ジョーゼットリボン
Georgette Ribbon

- プリーツジョーゼットリボン
- ビーズ付きストレッチリボン
- クレープジョーゼットリボン

ジャカードリボン
Jacquard Ribbon

- ジャカードリボン（小紋柄）

- ジャカードリボン（紋章柄）

ワープレスリボン
Warpless Ribbon

- ワープレスリボン（サテンタイプ）
- ワープレスリボン（ウーリータイプ）
- ワープレスリボン（グログランタイプ・半幅）
- ワープレスリボン（グログランタイプ）

ベルベットリボン
Velvet & Velveteen Ribbon

- フリル付き両面ベルベッチンリボン
- 市松柄両面ベルベッチンリボン
- ベルベットリボン

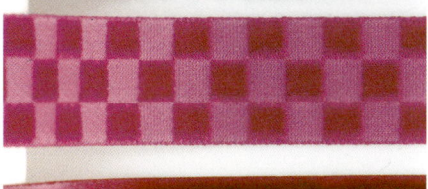

エンブロイダリーリボン
Embroidery Ribbon

- ピコット付きグラデーションリボン
- 段染めリボン 

フローラルテープ
Floral Tape

- フローラルテープ（片側タイプ）
- フローラルテープ（2色づかい・両側タイプ）
- フローラルテープ（両側タイプ）

コード・ブレード類

- ストレッチツイストコード
- ジグザグコード
- ラメ入りブレード
- 細幅ブレード
- 段染め丸コード
- シェニールコード 
- シェニールテープ
- トリミングブレード

Basic technique

基本の花8種の作り方とテープの扱い方

※糸はリボンと同色の25番刺しゅう糸3本どり。針は長め(刺しゅう針でなくてよい)が使いやすい。
写真ではわかりやすくするために濃い糸を使用している。

ギャザーの花A

輪にしたリボンの片側を縫い縮めて作る花。
リボンの幅・色・素材によりさまざまな表情になる。
2枚、3枚と重ねてもよい。

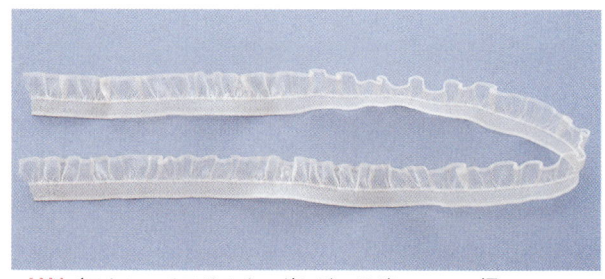

材料／ストレッチフリルオーガンジーリボン　1.1cm幅　30cm

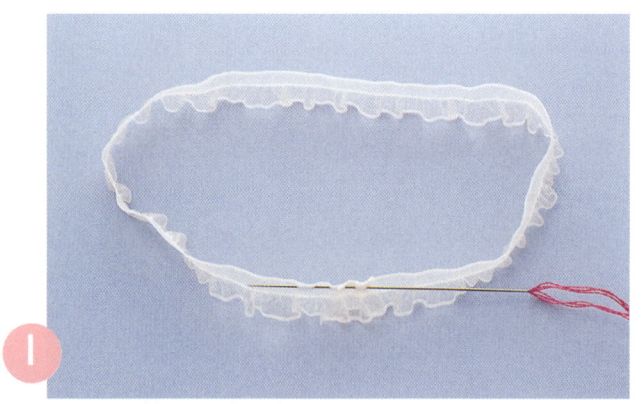

1 リボンの両端を1cm重ねて輪にする。

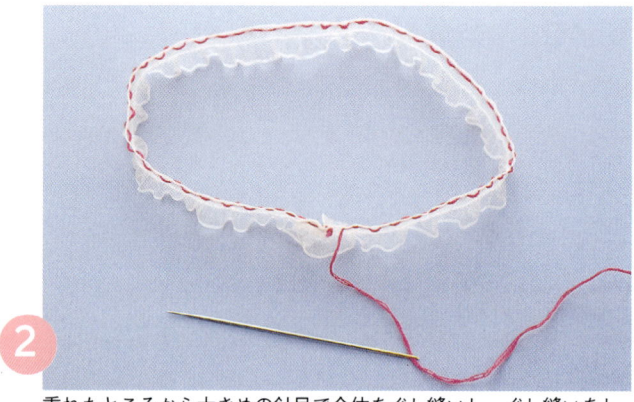

2 重ねたところから大きめの針目で全体をぐし縫いし、ぐし縫いをしたら針を抜く。

3 糸を引き、縮めて糸端を結ぶ。1回結んで引き締め、もう1回結ぶ。

4 出来上がり。直径約2.5cm。

ギャザーの花B（型紙なしで作る）

リボンを外側、外側に折って多角形を作り、周辺を縫い縮めて作る花。リボンの表、裏が交互に出る。

◀三角のバリエーション1、2を組み合わせたBの花

三角に折って作る　※同様に四角に折っても作れる。五角形以上は型紙を使って作る（40ページ参照）。

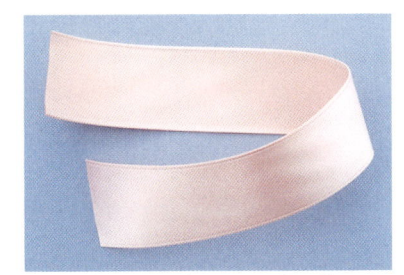

材料／サテンリボン　2.5cm幅　約20cm

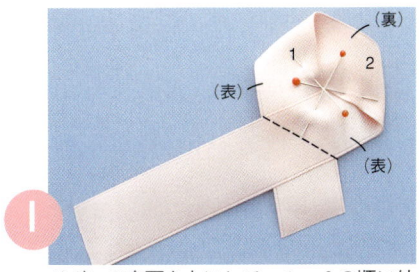

1. リボンの表面を上にして、1、2の順に外側、外側に折って待ち針で止める。
2. ①の点線の位置に線を引く（手芸ペンなどで薄く）。 
3. 周囲をぐし縫いする。 
4. 待ち針をはずして余分のリボンをカットする。 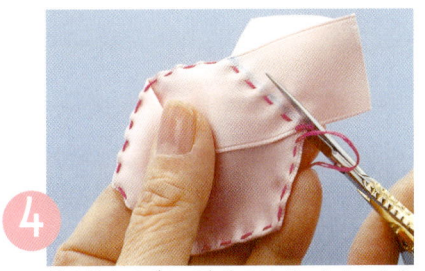
5. 片方ずつ糸を引いて縮める。 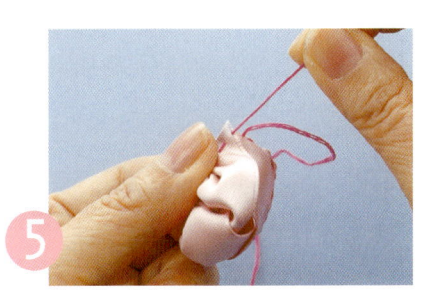
6. 糸端を1回結び、引き締めてもう1回結ぶ。糸端はカットする。 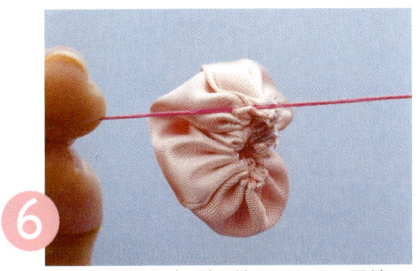
7. 中央に指を入れて形を整える。 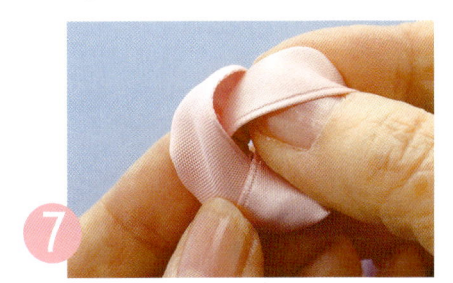
8. 半開きの3弁の花ができた。直径約3cm。 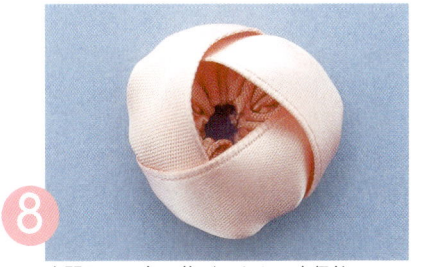

バリエーション1

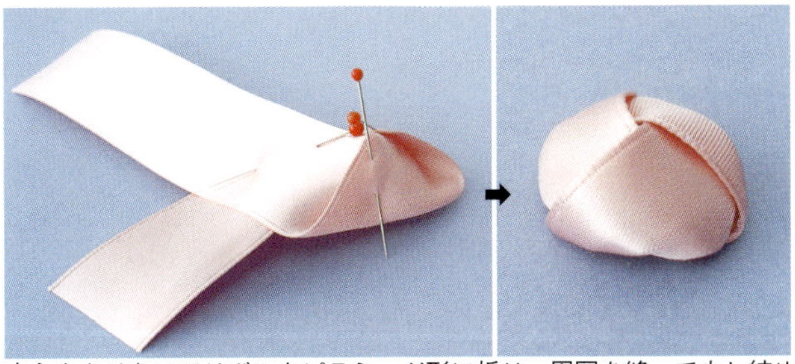

中心をあけないでリボンをピラミッド形に折り、周囲を縫って少し縮めるとつぼみになる。

バリエーション2

中心に空間をあけて折ると、花弁が開いた形になる。

ギャザーの花B（型紙を使って作る）

リボンを型紙に合わせて外側、外側に折り、周囲を縫い縮めて作る花。
五角形でも八角形でも作れる。
角数に応じた数の花弁ができる。

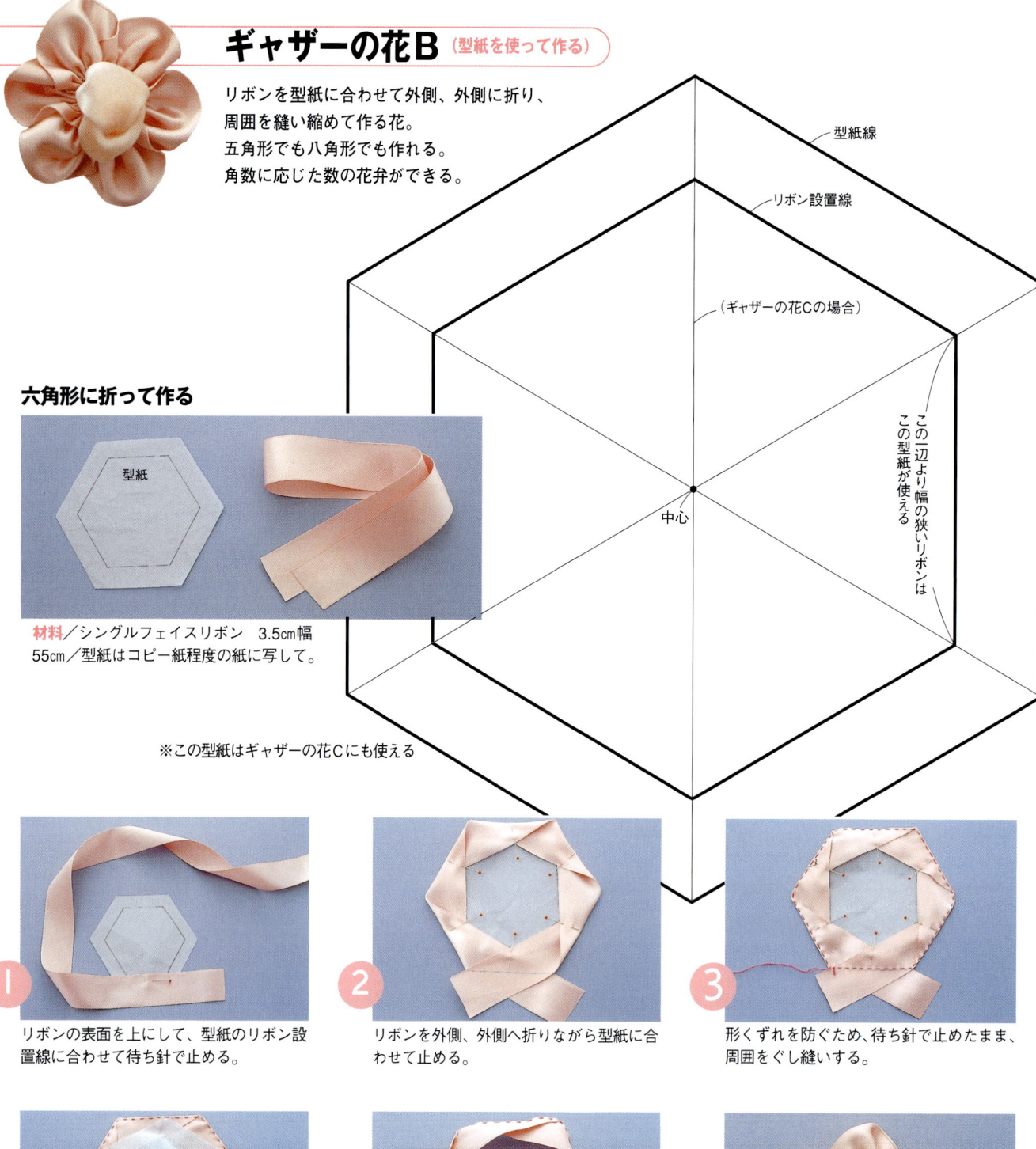

型紙線
リボン設置線
（ギャザーの花Cの場合）
中心
この一辺より幅の狭いリボンはこの型紙が使える

六角形に折って作る

材料／シングルフェイスリボン　3.5cm幅 55cm／型紙はコピー紙程度の紙に写して。

※この型紙はギャザーの花Cにも使える

1 リボンの表面を上にして、型紙のリボン設置線に合わせて待ち針で止める。

2 リボンを外側、外側へ折りながら型紙に合わせて止める。

3 形くずれを防ぐため、待ち針で止めたまま、周囲をぐし縫いする。

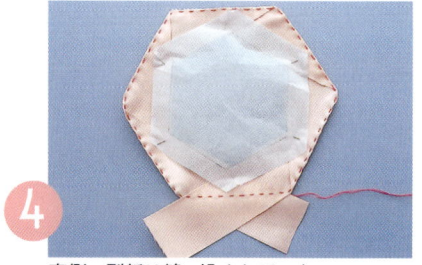

4 裏側。型紙は縫い込まれていない。

5 待ち針をはずして余分をカットし、片方ずつ糸を引いて縮める。花びらの形を意識しながら引き縮める。

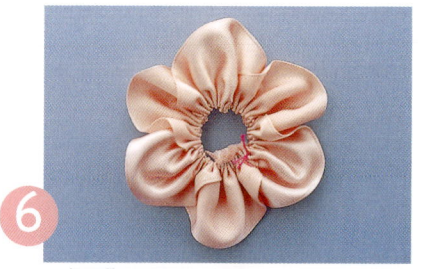

6 6弁の花ができた。直径約9cm。他の花と組み合わせて仕上げる。

ギャザーの花C（型紙なしで作る）

角を内側に折り込んで四角形を作り、
周囲を縫って縮める花。五角形以上は型紙に合わせて作る（42ページ参照）。

四角に折って作る

材料／レーヨンサテンリボン　4cm幅　40cm

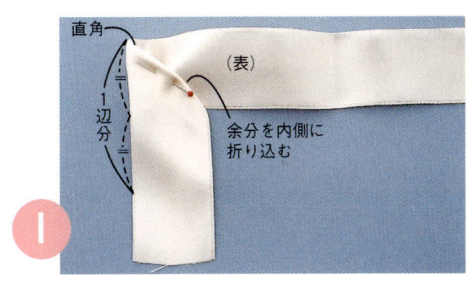

1. リボンの表面を上にし、1辺分を残して直角に折る。 
2. 中心を合わせ、順々に折って四角にする。
3. 裏側。 
4. 待ち針をつけたまま周囲をぐし縫いし、余分のリボンをカットする。  
5. 待ち針をはずし、糸を引き締めてしっかり結び、4枚の花弁をすべて広げる。直径約10cm。（裏側）

バリエーション

作り方は上記と同じ。糸を引き締めて結んでから、リボンの広げ方で②〜⑤のように変化する。
ぐし縫いを表側からするか、裏側からするかでリボンの表・裏の出方が変わる。

1. 上記③の状態でぐし縫いをして糸を引き締めて結ぶ。 
2. リボンの表面が花の内側になる。表情のつけ方でつぼみの状態。 
3. 五分咲きぐらいの花。 
4. 八分咲きぐらいの花。 
5. 全開の花。（表側）

ギャザーの花C （型紙を使って作る）

リボンを型紙に合わせながら内側、内側に折り、周囲を縫い縮めて作る花。

五角形に折って作る

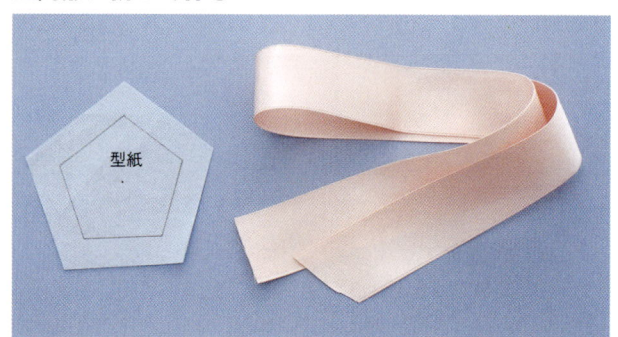

材料／サテンリボン　3.5cm幅　42cm／型紙

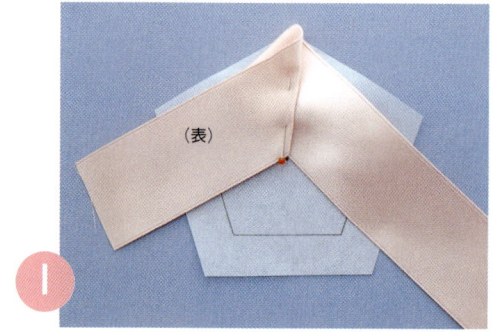

1. リボンの表面を上にし、五角形の中心と角にリボンを合わせ、余分を内側に折り込んで型紙まですくって待ち針で止める。

2. 型紙に合わせて五角形に折る。

3. 型紙を縫い込まないようにして五角形の周囲をぐし縫いし、余分をカットする。

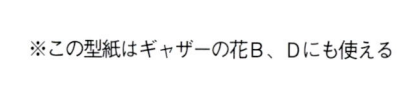

4. 片方ずつ糸を引いて縮め、糸端を結んで花弁を全開の形に整える。5弁の花ができる。直径約10cm。

※この型紙はギャザーの花B、Dにも使える

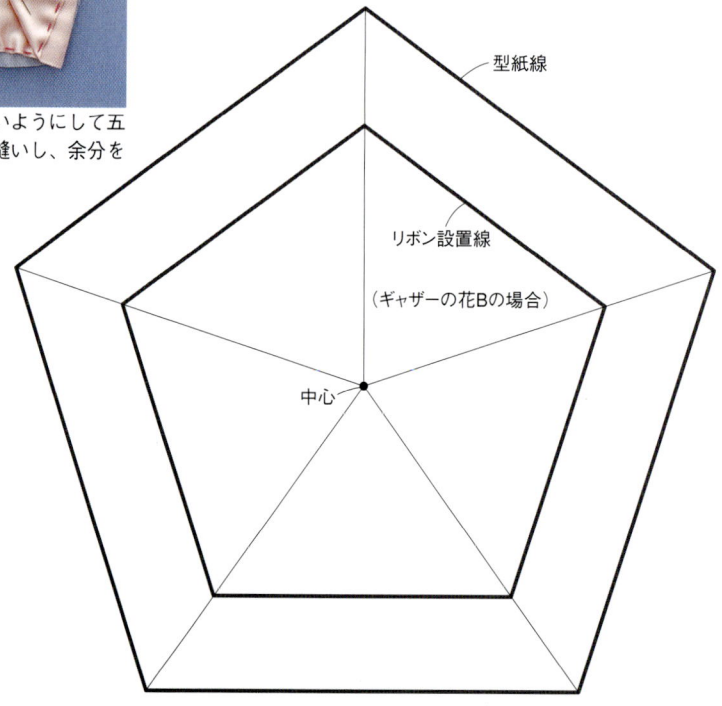

型紙線
リボン設置線
（ギャザーの花Bの場合）
中心

ギャザーの花D （型紙を使って作る）

※40ページの型紙を使用
各花びらの色を変えた花の作り方。
五角形、八角形でも同様に作れる。

多色のリボンを使って作る

材料／サテンリボン　3.5cm幅　15cm×6本（6色）／型紙

1 リボンの中央を1辺の中央に合わせながら写真のように待ち針で止める。

2 リボンの周囲をぐし縫いする。上…交差するリボン上を写真のように縫う。下…型紙の外周に沿って縫う。

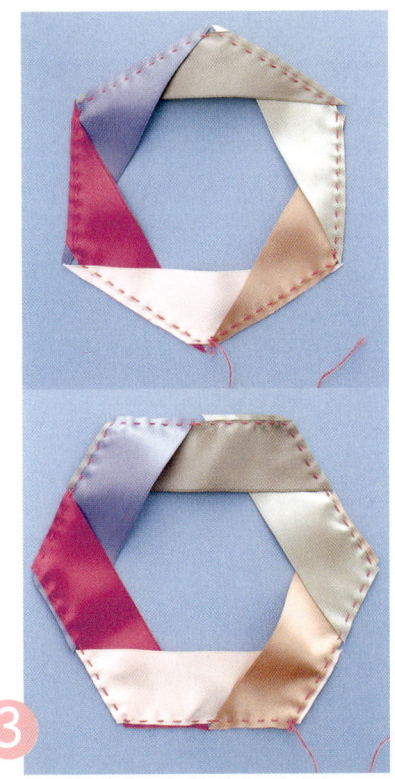

3 それぞれ余分のリボンはカットする。

4 片方ずつ糸を引いて縮め、糸端をしっかり結ぶ。上…6弁の花に仕上がる。直径約8cm。下…丸く仕上がる。直径約9cm。

オールドローズ

チュールの土台にリボンを
折り重ねて作る花。愛らしく
仕上がる。縫い止める糸が目立たないように、
縫い糸（25番刺しゅう糸1～2本）は必ずリボンと同色を使う。
チュールは作りたい花の
大きさよりひと回り（2～3mm）大きい円にする。

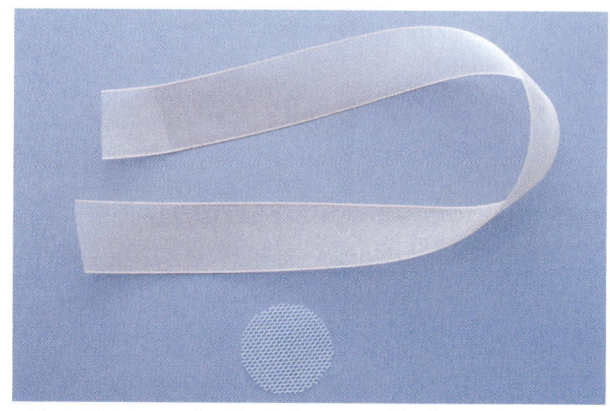

材料／サテンオーガンジーリボン　2.4cm幅　約30cm／厚手のチュール　直径3cm

1 チュールの中心まで切り込みを入れる。

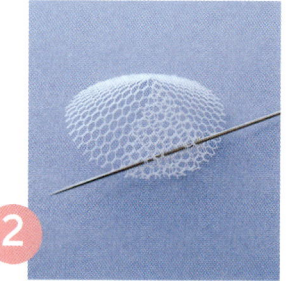

2 切り込みを1/4弱重ね、ふくらみをつけて縫い止める。糸はそのままつけておく。

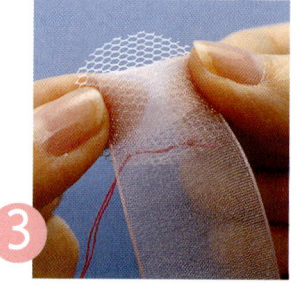

3 リボンの端を1cm折ってチュールにかぶせる。

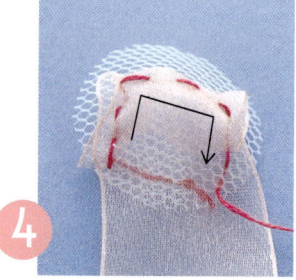

4 チュールにリボンの端をコの字に縫い止める。

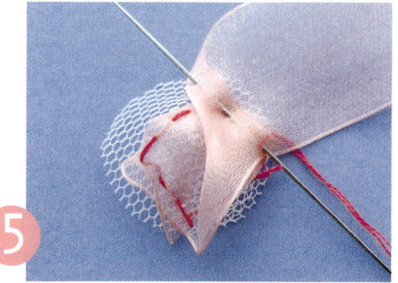

5 斜めにタックをとって針で止める。針はそのまま。

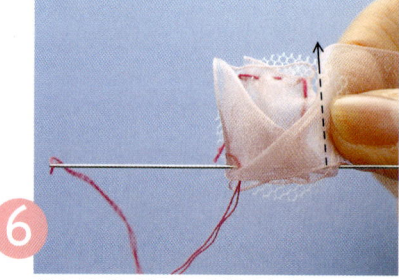

6 針の上にリボンを一度折り上げて、三角に折る。針を抜いて、折り上げたリボンの右側を縫う。

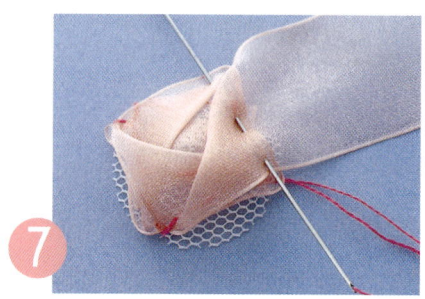

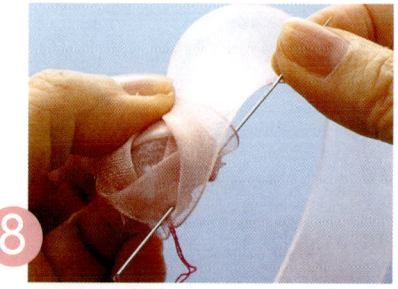

7 ⑥を繰り返す。

8 だんだん五角形になるように少しずつずらしながら折り、縫い止めていく。

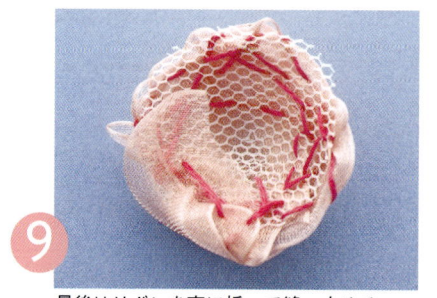

9 最後はリボンを裏に折って縫い止める。

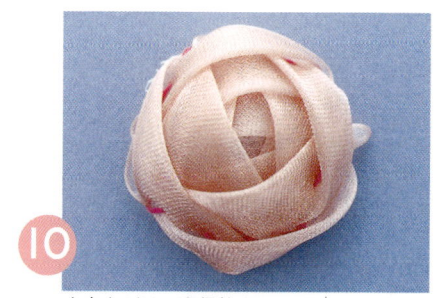

10 出来上がり。直径約3cm。

巻きバラA

リボンを中心からクルクル巻き込んで作るバラの花。
リボンの幅や長さで表情はさまざまに変化する。
薄手で軽やかなリボンがふさわしい。右利きの人は右から左へ巻く。

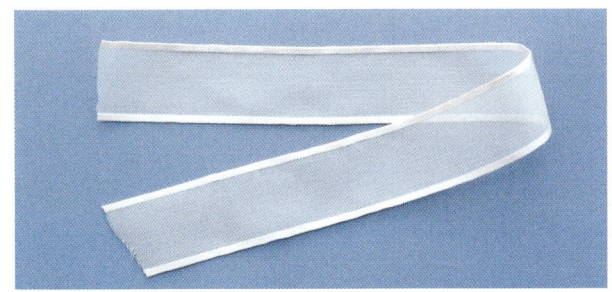

材料／ジョーゼットリボン　2.8cm幅　約30cm

1. 端を手前に三角に折る。端を1cmぐらい残す。
2. 左へもう一度折る。 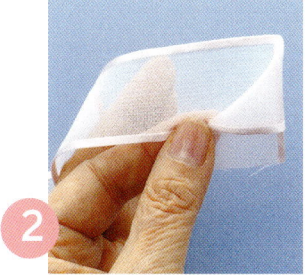
3. 端からしっかり巻き込む。最初は特にしっかり。 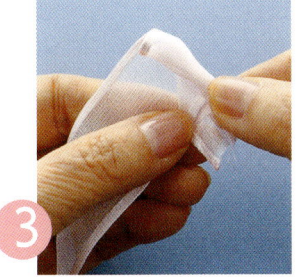
4. 三角の端までしっかり巻き込む。 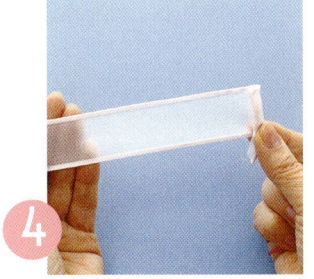
5. 根元を縫い止める。花しんになる。 
6. 花しんから1cmぐらいあけてリボンを外側へ折る。 
7. 花しんを手前に倒すようにして、三角の端まで巻き込む。 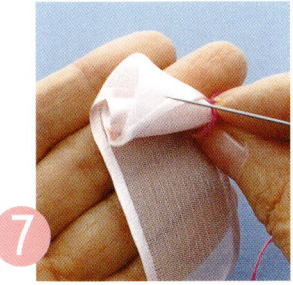
8. 巻いたところをそーっと押さえて根元を縫い止める。 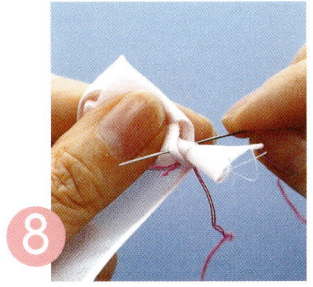
9. ⑥を繰り返す。 
10. ⑦を繰り返す。 
11. ⑧を繰り返す。 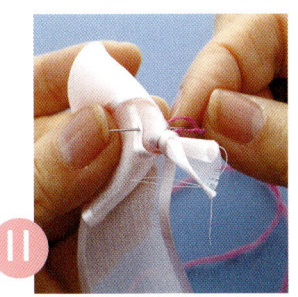
12. ⑥～⑧を繰り返し、最後はリボンの端を外側へ折る。 
13. 折った最後を縫い止める。 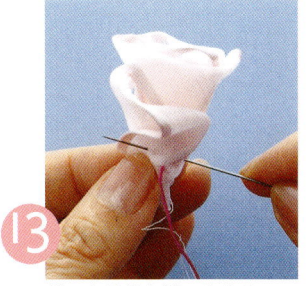
14. 出来上がり。直径約3cm。形は作るたびに変わる。

巻きバラB

ベルベットリボンを左から右へ巻き込んで作る豪華なバラの花。細くて長い針が作りやすい。

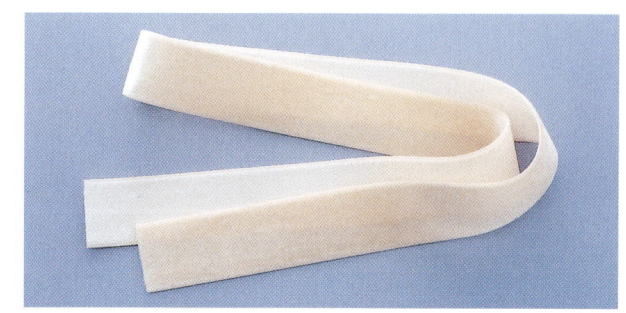

材料／ベルベットリボン　2.4cm幅　約70cm

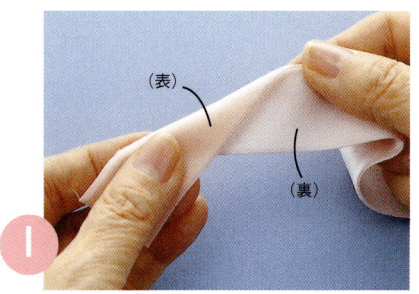

1. ベルベットの毛足が左から右へ流れるようにして、リボンの裏面を上にし、端を斜めに折る。

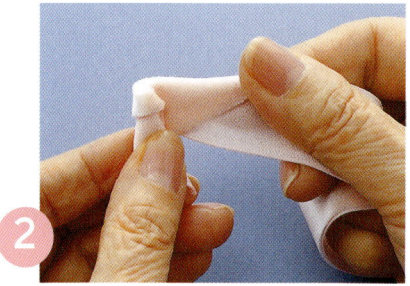

2. 左端からしっかり巻き始める。

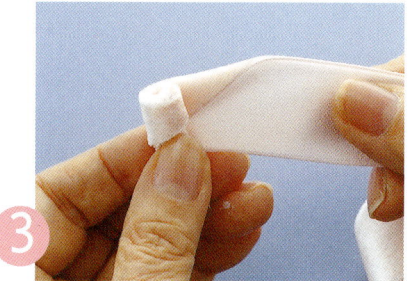

3. 三角部分を少し残すところまでしっかり巻く。

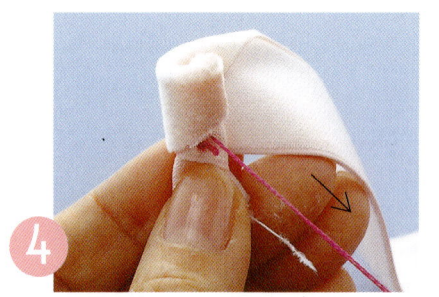

4. 根元を縫い止める。花しんになる。

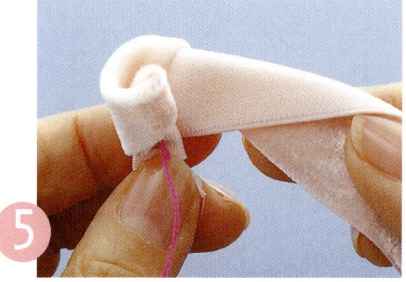

5. 三角の残した部分から外側へ折る。

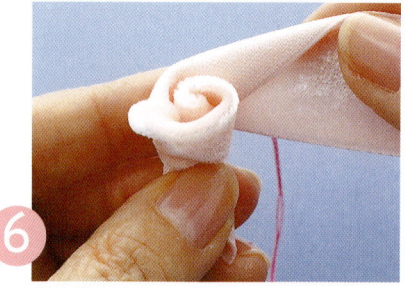

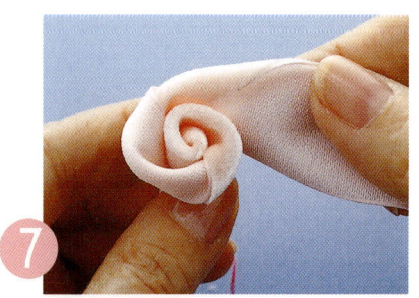

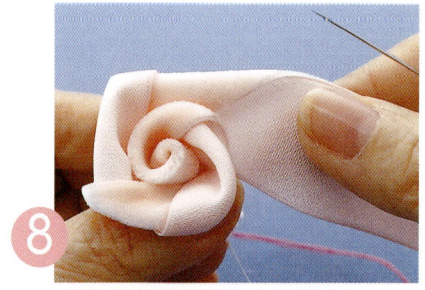

6. ③を繰り返す。

7. ④〜⑤を繰り返す。

8. リボンの表面が2回出るまで巻く。

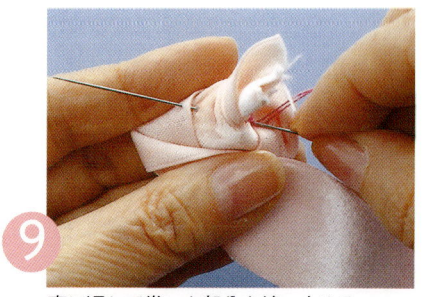

9. 裏に返して巻いた部分を縫い止める。

10 リボンの表面が出るように折り返す。

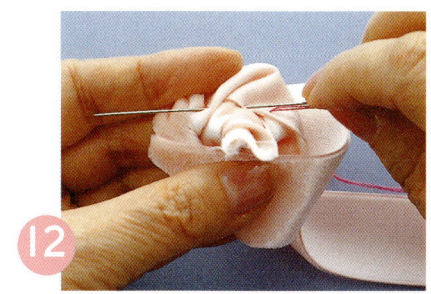

11 ⑩に添わせる。

12 裏に返して縫い止め、針は抜かずにそのままにしておき、次に裏に返したときに抜く。

13 ⑩～⑫を好みの大きさになるまで繰り返す。最後は裏に折り返して縫い止める。

14 出来上がり。直径約12cm。

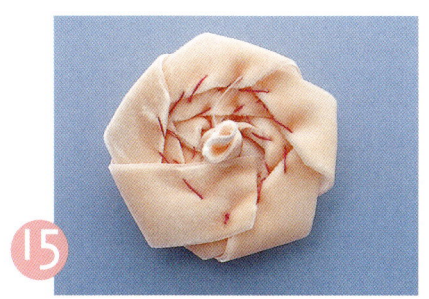

15 裏側。

フローラルテープの扱い方

リボンなどに重ねて縫いつける場合の、テープ端のきれいな始末の方法。リボンの端もすっきり始末できる。

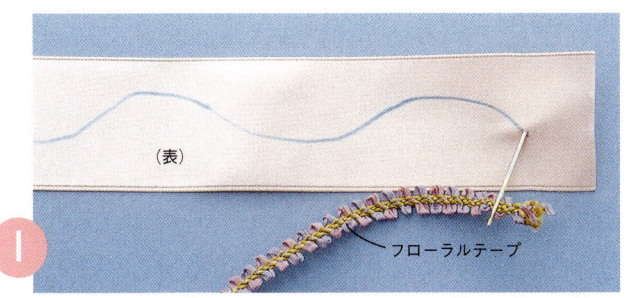

1 フローラルテープをとじ針などに通して、つけ始めの位置に刺し、裏側にテープ端を引き出す。

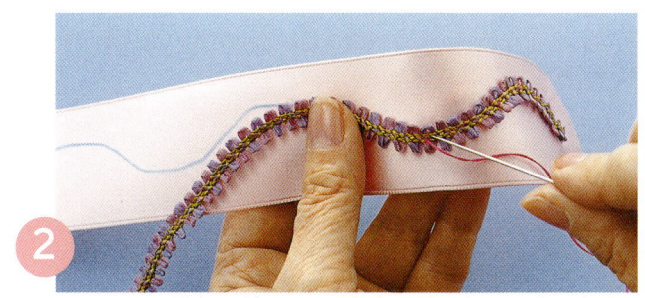

2 つけるときは星止め（小さい返し縫い）で縫い止める。糸は引き過ぎないように。

プリーツの花

細幅のリボンを同寸法に折り重ね、片端に糸を通して作る花。中心に花しんをつける。花弁の大きさ、花弁の数により間隔・使用量が変わる。

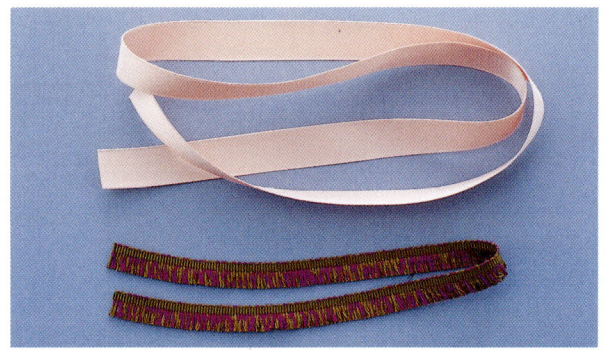

材料／サテンリボン　1.5cm幅　75cm／ワープレスリボン(半幅タイプ)　0.9cm幅　30cm

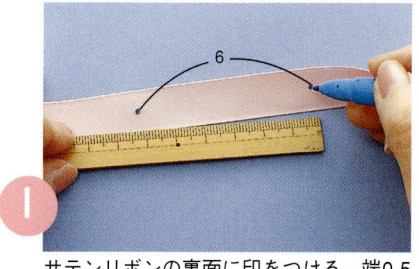

1 サテンリボンの裏面に印をつける。端0.5cmと6cm間隔に（花の大きさにより寸法が変わる）。

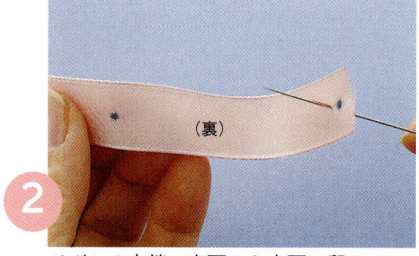

2 リボンの右端、表面から裏面へ印の0.2cm先に針を出す。

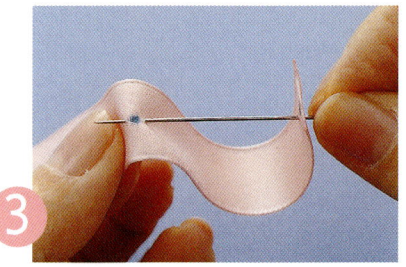

3 印を中央にして1針ずつすくって縫う。

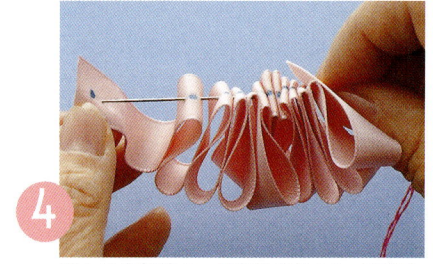

4 順々に全部縫う。最後は印の0.2cm手前から表面に針を出す。

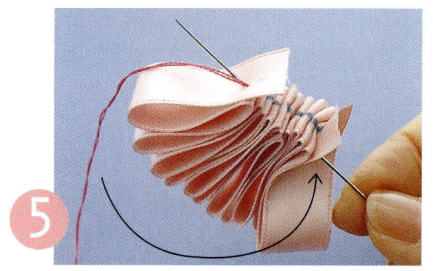

5 糸を引き出し、もう一度全部をすくって縫う。

6 中央に少し空間をあけて糸を引き締める。糸はそのままつけておく。

7 花しんを作る。ワープレスリボンを端からクルクル巻き込む。

8 巻き込んだ根元を縫い止める。

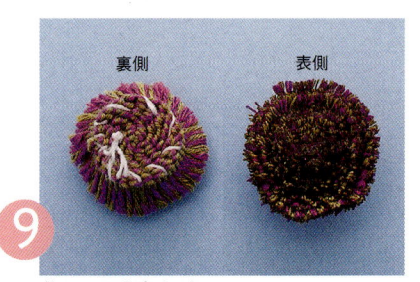

9 花しんの出来上がり。

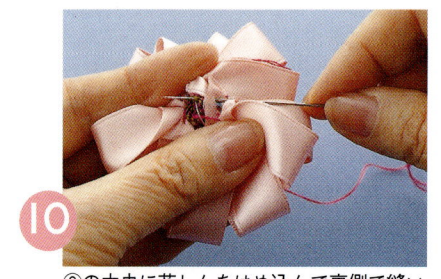

10 ⑥の中央に花しんをはめ込んで裏側で縫い止める。

11 出来上がり。直径約6.5cm。

ワープレスリボンの縫い通し方　A

ワープレスリボンは幅の中央がよこ糸のみで構成されている。この特長を生かしてアレンジする方法。

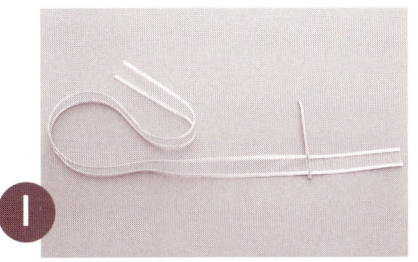

① ジャンボとじ針にリボンを通す。

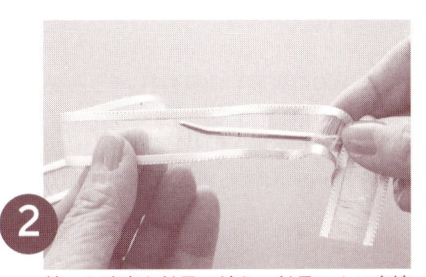

② 端から適宜な針目で縫う。針目により表情が変わる。

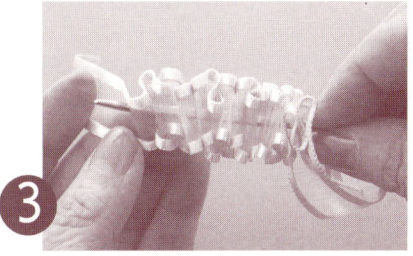

③ ザクザクと端まで縫う。

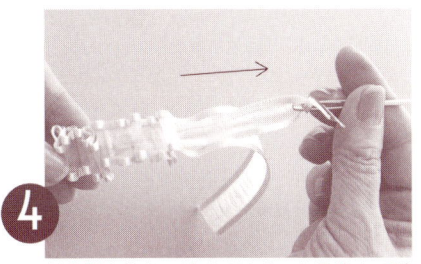

④ 針を引き抜き、続けてリボンを最後まで引き出す。

⑤ リボンの両側が中央に、中央部分が左右に逆転して、おもしろい表情のリボンになる。

⑥ 厚手タイプのワープレスリボンを使った場合。表情の変化が一層はっきりする。縫う寸法、間隔は適宜。

ワープレスリボンの縫い通し方　B

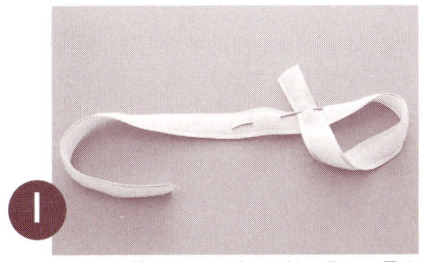

① リボンの端をジャンボとじ針に通し、長さの中心を1針すくって引き抜く。

② 引き抜いたところ。

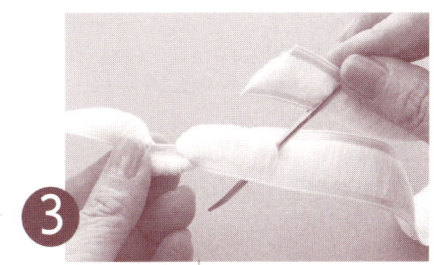

③ ②より手前に、表から裏へ針を入れる。間隔は適宜に、1針ずつ引き出す。

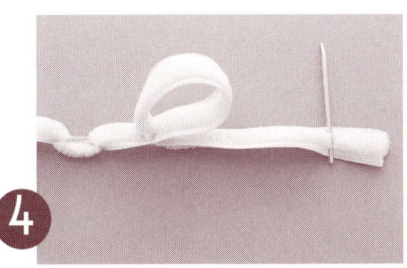

④ リボンを引き出す。③、④を繰り返す。

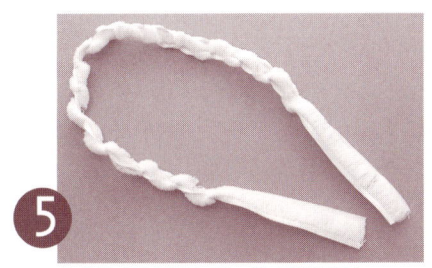

⑤ もう片方も同様に③、④を繰り返す。

How to make
口絵作品の作り方

この本ではすべてMOKUBAのリボンとテープ類を使用しています。

作るときの縫い糸は、リボンと同色が望ましいので、色数の豊富な25番刺しゅう糸を使用します。
糸の本数は、リボンの厚みに合わせて1本〜3本と適宜調節しましょう。

作り方は、38〜49ページの「基本の花8種の作り方とテープの縫い通し方」を参照して各花を作り、各作り方図のようにまとめます。

材料表の見方

	リボンの種類（品番）	リボンの色（色番号）	リボンの幅（mm）	使用量（cm）
花	ストレッチフリルオーガンジー（4686）	黄色（13）	10	35

7ページ バラのコサージュ

1（花の直径 約4cm）

花	レーヨンサテン（1000）	ピンク（31）	36	35
花しん	〃	濃ピンク（40）	36	20
葉	メタリックオーガンジー（4617）	紫（9）	25	40

その他の材料（1〜3共通） ワイヤー#28／フローラルテープ／ブローチピン

作り方ポイント
● 花は41ページ「ギャザーの花C」バリエーションの方法で作り、図のようにまとめ、裏側にブローチピンを縫いつける。
● 2は2輪、3は3輪を同様に作ってまとめる。

2（花の直径 約4cm）

花	レーヨンサテン（1000）	濃ピンク（40）	36	70（2個分）
花しん	〃	ピンク（31）	36	40（2個分）
葉	メタリックオーガンジー（4617）	焦げ茶色（8）	25	40

3（花の直径 約4cm）

花、花しん	レーヨンサテン（1000）	生成り（00）	36	170（3個分）
葉	オーガンジー（4563）	薄焦げ茶（2）	25	130

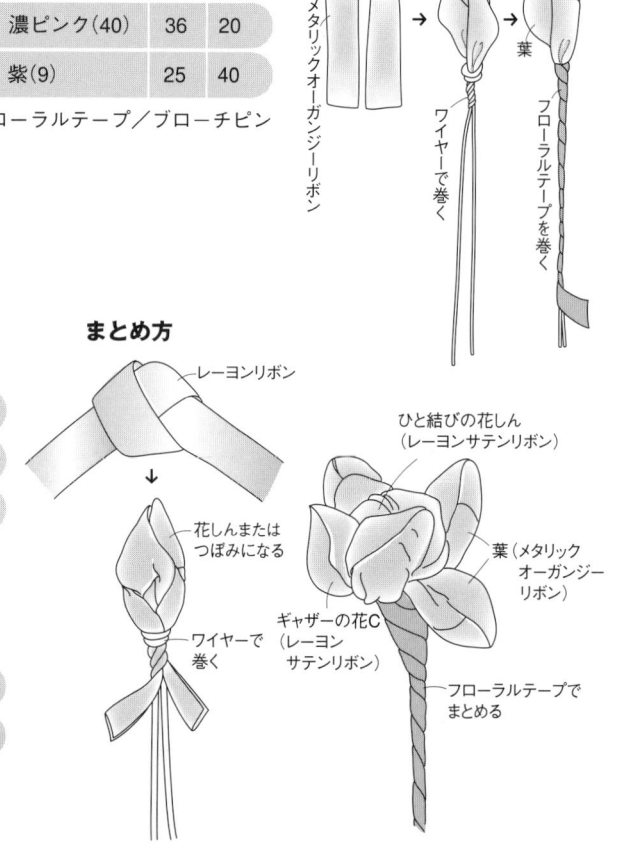

葉
メタリックオーガンジーリボン → ワイヤーで巻く → 葉／フローラルテープを巻く

まとめ方
レーヨンリボン
↓
花しんまたはつぼみになる／ワイヤーで巻く
ひと結びの花しん（レーヨンサテンリボン）
葉（メタリックオーガンジーリボン）
ギャザーの花C（レーヨンサテンリボン）
フローラルテープでまとめる

7ページ 多色づかいのコサージュ

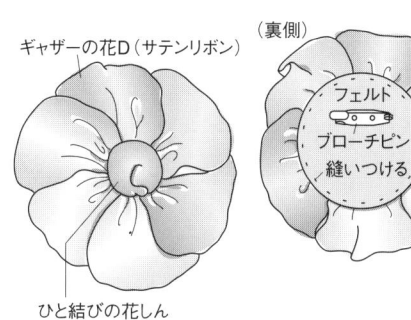

1

ギャザーの花D（サテンリボン）
（裏側）
フェルト ブローチピン 縫いつける
ひと結びの花しん（ベルベットリボン）50ページ

2

ギャザーの花D（レーヨンサテンリボン）
ギャザーの花A（ストレッチフリルオーガンジーリボン）
ワープレスリボン

3

ギャザーの花D（レーヨンサテンリボン）
ビーズ7個
ギャザーの花C（サテンオーガンジーリボン）

1 (花の直径　約8cm)

花弁	サテンリボン(1150)	グレー(5)	36	18
〃	〃	ベージュ(10)	36	18
〃	〃	カーキ色(14)	36	18
〃	〃	薄カーキ色(15)	36	18
〃	〃	コルク色(45)	36	18
〃	〃	サンドベージュ(48)	36	18
花しん	ベルベットリボン(2600)	オリーブ色(13)	25	20

その他の材料（1〜3共通） フェルト直径5cm／ブローチピン

2 (花の直径　約8cm)

花弁	レーヨンサテン(1000)	濃紫(26)	36	18
〃	〃	薄紫(27)	36	30
〃	〃	紫(63)	36	25
花しん	ストレッチフリルオーガンジー(4686)	黄(13)	11	20
リボン	ワープレスリボン(4675)	薄紫(27)	6	30

2の実物大型紙

1、3は40ページの型紙を使用

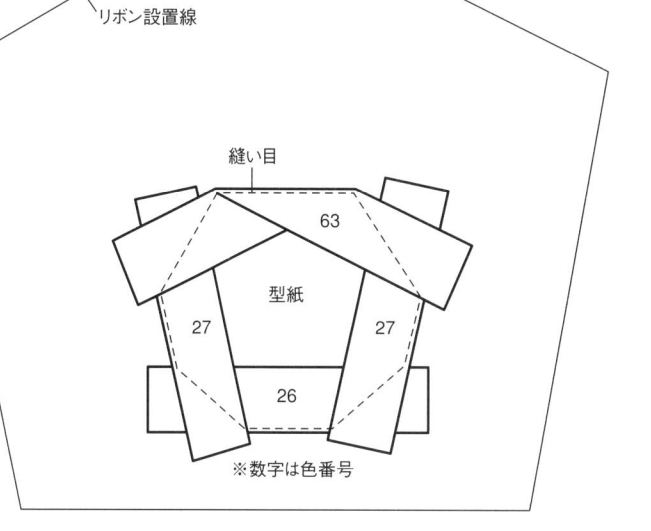

リボン設置線
縫い目
63
型紙
27　27
26
※数字は色番号

3 (花の直径　約9cm)

花弁	レーヨンサテン(1000)	薄グレー(6)	36	18
〃	〃	焦げ茶色(7)	36	18
〃	〃	薄紫(27)	36	18
〃	〃	薄ピンク(31)	36	18
〃	〃	サーモンピンク(40)	36	18
〃	〃	紫(63)	36	18
内側の花	サテンオーガンジー(4681)	ピンク(40)	38	60

その他の材料 大粒ビーズ7個

8ページ ギャザーの花A・Bのコサージュ

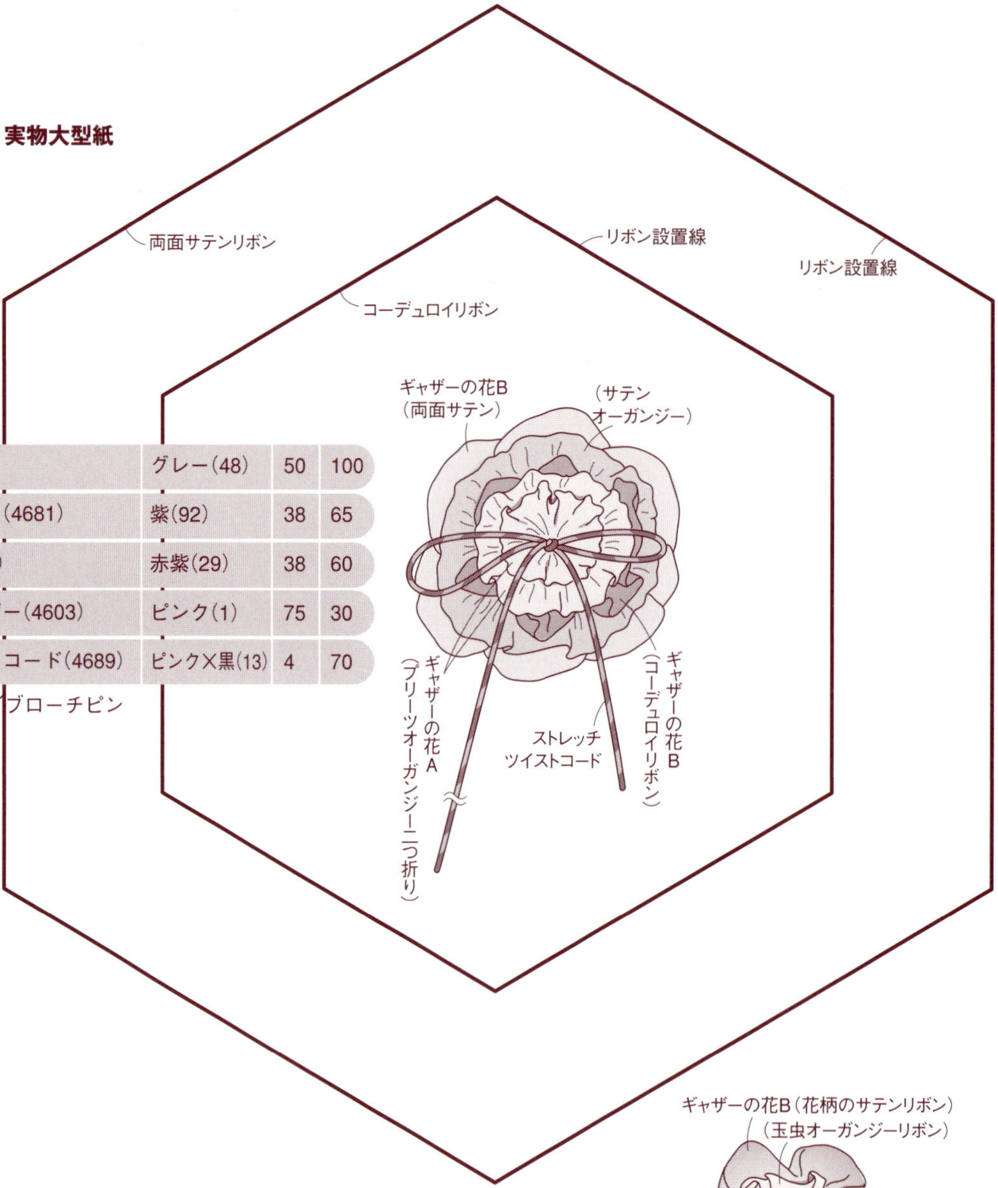

実物大型紙

両面サテンリボン
コーデュロイリボン
リボン設置線
リボン設置線

ギャザーの花B（両面サテン）
（サテンオーガンジー）
ギャザーの花A（プリーツオーガンジー二つ折り）
ギャザーの花B（コーデュロイリボン）
ストレッチツイストコード

（花の直径 約13.5cm）

外側花弁	両面サテン(1110)	グレー(48)	50	100
外側のA	サテンオーガンジー(4681)	紫(92)	38	65
内側花弁	コーデュロイ(4684)	赤紫(29)	38	60
内側のA	プリーツオーガンジー(4603)	ピンク(1)	75	30
リボン	ストレッチツイストコード(4689)	ピンク×黒(13)	4	70

その他の材料 フェルト直径8cm／ブローチピン

作り方ポイント
●外側の花は、両面サテンリボンを型紙に待ち針で止め、周囲を縫うときにサテンオーガンジーリボンを重ねていっしょに縫う。
●プリーツオーガンジーリボンは端を1cm重ねて輪にし、幅を少しずらして二つ折りにして縫い縮める。
●裏側にフェルトを縫いつけ、ブローチピンをつける。

裏表紙 ギャザーの花Aのコサージュ

ギャザーの花B（花柄のサテンリボン）
（玉虫オーガンジーリボン）
サテンオーガンジーリボン
ギャザーの花A（ビーズつきストレッチリボン）

1 （花の直径 約8cm）

外側花弁	花柄のサテン(4850)	金茶色(49)	50	66
外側のA	玉虫オーガンジー(4563)	薄焦げ茶色(2)	25	65
花しん	ビーズつきストレッチ(4672)	オレンジ色(94)	10	30
リボン	サテンオーガンジー(4681)	薄焦げ茶(48)	15	60

その他の材料 フェルト直径5cm／ブローチピン

作り方ポイント
●40ページの型紙を使って、ジャカードリボンを待ち針で止め、オーガンジーリボンを添わせるように重ねていっしょに周囲を縫い縮める。
●2、3のコサージュは色違い。

8ページ　オールドローズのコサージュ

2（花の直径　5.5cm）

花	シルクサテン(30000)	ピンク(31)	25	100
葉	メタリックオーガンジー(4617)	紫(9)	25	45
土台のリボン	シルクモアレ(20001)	ピンク(31)	25	50

その他の材料　厚手チュール直径6cm／フェルト直径4cm／ブローチピン

作り方ポイント
●この花のリボン使用量は手加減によって変化する。100cmぐらいでスタートし、形のよいところで止めるとよい。
●裏側にフェルトを縫いつけ、ブローチピンをつける。
●1は土台のリボンなしに作る。

2
葉（メタリックオーガンジーリボン）50ページ
オールドローズ（シルクサテンリボン）
シルクモアレリボン
約14

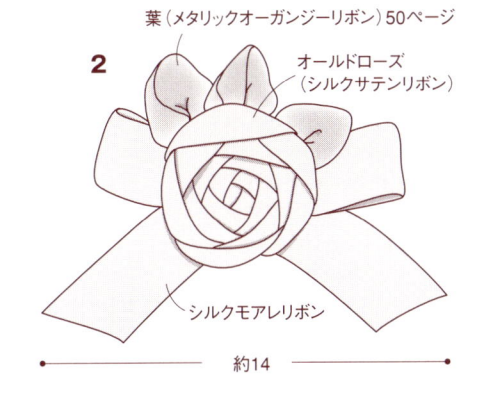

8ページ　水玉模様のコサージュ

1（花の直径　約9cm）

花弁	水玉サテン(4851)	えんじ色(53)	50	80
花しん	ベルベット(2600)	〃 (53)	25	20

その他の材料　フェルト直径5cm／ブローチピン

2（花の直径　約6cm）

花弁	水玉サテン(4851)	紫(27)	36	38
花しんと土台のリボン	ベルベット(2600)	紫(92)	9	35

その他の材料　フェルト直径4cm／ブローチピン

作り方ポイント
●1は40ページの型紙を使って六角形のギャザーの花Cを作る。
●2は42ページの型紙を使って五角形のギャザーの花Cを作る。
●ベルベットリボンで花しん(50ページ参照)を作り、花の中心に通して裏側に縫い止める。
●裏側にフェルトを縫いつけ、ブローチピンをつける。

1
ギャザーの花C（水玉サテンリボン）
ひと結びの花しん（ベルベットリボン）

2
ギャザーの花C（水玉サテンリボン）
ひと結びの花しん（ベルベットリボン）
ベルベットリボン

8ページ トートバッグ

（花の直径 約4cm）

花弁	サテンリボン(1150)	茶色(8)	25	23×13本
花しん	モール	薄紫	5	10×13本
〃	〃	ピンク	5	10×13本

その他の材料 表布(麻布)70×60cm／裏布(木綿)62×40cm

作り方ポイント
- 41ページを参照し、4弁の花を13個作る。
- 花しんはモール2色を合わせてひと結び(50ページ参照)し、花の中央に差し込んで裏側で縫い止め、バッグの前側中央に並べてつける。
- バッグは裏つきに作る。

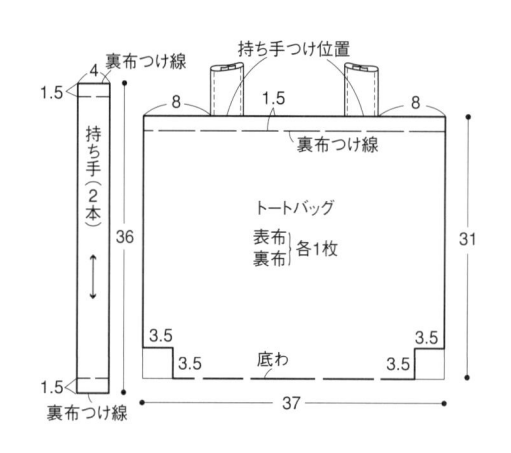

1ページ ギャザーの花のチョーカー

（花の直径 約3cm）

土台	ベルベット(2600)	紫(93)	75	20
花(3個分)	サテンオーガンジー(4681)	紫(92)	15	60
③のステッチ	エンブロイダリーリボン(1543)	段染め(5)	7	200
花しん	エンブロイダリーリボン(1546)	オレンジ色(5)	4	100
テープA	フローラルテープ(9334)	グリーン系(13)	8	20
テープB	〃 (9333)	紫系(14)	5	30
テープC	ファッションコード(0739)	ピンク(40)	3	50
コード	ストレッチツイストコード(4689)	濃紫×黄緑(9)	4	70

作り方ポイント
- まずベルベットリボンの中央にテープAを縫い止める。次にフレンチノット・S(エンブロイダリーリボン)でテープBを縫い止める。このA・BのテープにテープCを巻きつける。

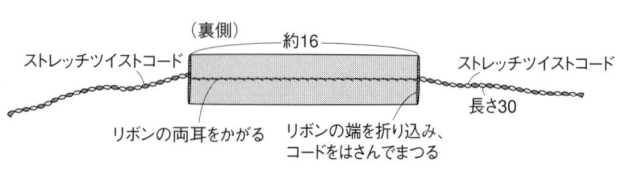

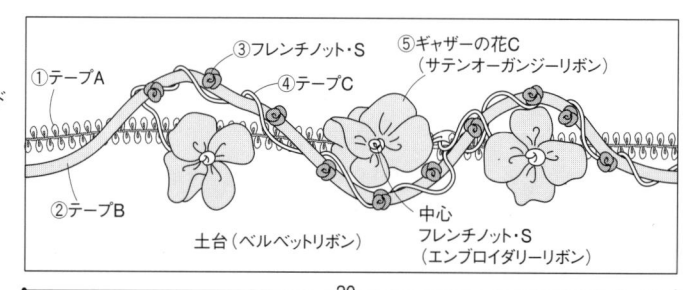

11ページ　巻きバラのオーナメント

（花の直径　2～2.5cm）

花	サテンオーガンジー(4681)	薄オレンジ色(13)	15	100	（1個分約20）
〃	〃	クリーム色(33)	15	60	
〃	〃	サーモンピンク(94)	15	560	
〃	オーガンジー(1500)	薄カーキ色(15)	11	75(3個分)	
下げひも	ワープレスリボン(4675)	サーモンピンク(94)	6	130	
側面	メタリックコード(0919)	サーモンピンク(64)	3	35	

その他の材料　表布(別珍)、裏布(木綿)、厚紙、キルトしん、フェルト　各7×13cm（たて×よこ）

作り方ポイント
● 巻きバラAは手加減で大きさが変化する。サイズは大、小さまざまあってよい。たくさん作って表布にすき間なく縫い止める。
● 台紙にキルトしんを重ね、バラを縫いつけた表布でくるむ。
● 下げひもは49ページを参照して適宜に縫い通してひねる。
● 裏布を裏側全体に貼りつけ、下げひもを縫い止める。
● フェルトを裏側に重ね、底になる丸み部分のみ細くボンドをつけて貼る。
● 最後に側面にメタリックコードをつける。

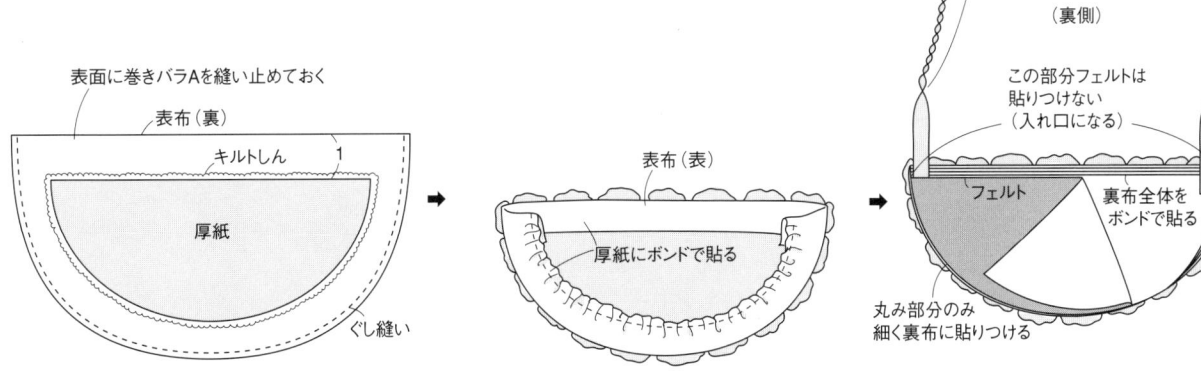

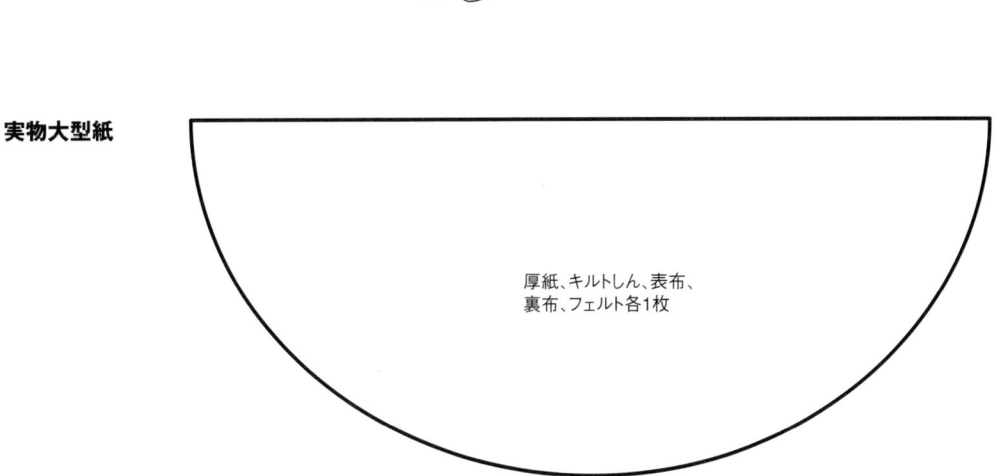

実物大型紙

厚紙、キルトしん、表布、裏布、フェルト各1枚

11ページ　ギャザーの花の飾り箱

クリーム色系（花の直径　約3.5cm）

花	サテンオーガンジー(4681)	薄オレンジ色(13)	25	100(4個分)
〃	〃	サーモンピンク(94)	25	75(3個分)
リボン	ワープレスリボン(4675)	グリーン(72)	6	70(3個分)
側面	ピコットサテン(1600)	ベージュ(11)	15	22
〃	〃	ベージュ(11)	24	22

その他の材料　表布/キルトしん/厚紙/円筒形の箱/三角大ビーズ7個

作り方ポイント
- 41ページを参照して4弁のギャザーの花Bを7個作る（ふたの大きさに合わせて適宜）。
- 箱のふたに合わせて型紙を作り（写真のふたは直径6cm）、表布（縫い代をつけて）、厚紙、キルトしんを裁つ。
- 表布の周囲にぐし縫いをし、中にキルトしん、厚紙を入れて引き締める。
- 表布の表側に花と蝶結びにしたワープレスリボンを縫い止め、裏側にボンドをつけてふたに貼りつける。
- 側面はリボンを巻きつけて貼る。
- 箱はチョコレートの箱などを利用。大きさにより花の数、布の大きさなどを調整する。

ギャザーの花B（サテンオーガンジー）
花しん（ビーズ）
ワープレスリボン

12ページ　ギャザーの花のマフラー

（花の直径　約18cm）

マフラー	プリーツオーガンジー(4603)	紺(9)	75	130
〃	〃	ブルー(7)	75	130
外側花弁	サテンオーガンジー(4681)	薄紫(70)	75	100
内側花弁	オーガンジー(4563)	ブルー(6)	75	65

その他の材料　シルバーボール直径2cm 2個

作り方ポイント
- マフラーは2枚を重ね、重ねたまま端を始末する。
- 花は52ページの型紙を使用。サテンオーガンジーリボンを型紙に待ち針で止め、オーガンジーリボンを添わせるように重ねながら、2枚をいっしょにして周囲を縫い縮める。

プリーツオーガンジーリボン2枚重ね
マフラー
長さ130
2枚重ねたまま5cmぐらいクルクル巻く
シルバーボール
縫い止める

マフラーを通す
ギャザーの花B（サテンオーガンジーリボン）
（オーガンジーリボン）
2枚重ねて直径2cmくらいに縫い縮める

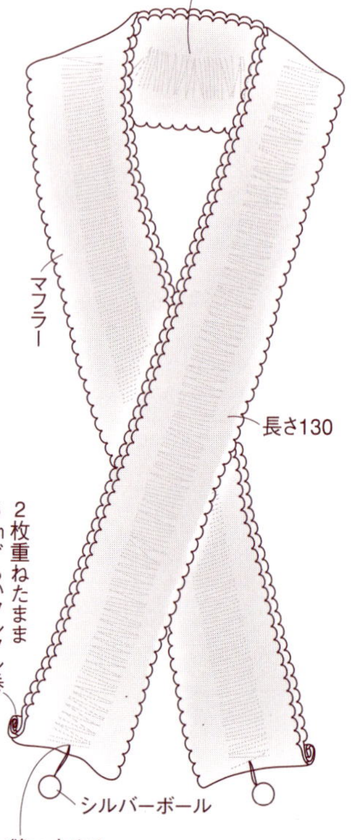

カバーの内側　プリーツの花の巾着

（花の直径　約3.5cm）

花弁	エンブロイダリーリボン(1544)	赤紫系(6)	6	50
〃	〃	薄紫系(7)	6	50
〃	〃	紺系(9)	6	50
花しん	ワープレスリボン(4674)	濃ピンク×緑(7)	13	10
〃	〃	焦げ茶色×草色(13)	13	10
〃	〃	えんじ色×薄青(16)	13	10
葉	レースアプリケ(19)	黄緑(3)		3枚
ひも	ベルベット(2600)	赤(57)	4	80

その他の材料　表布(別珍)40×16cm、裏布(木綿)24×16cm

作り方ポイント
- 表側に花と葉を縫い止めてから裏布をつける。
- 花は48ページを参照してプリーツの花を作る。

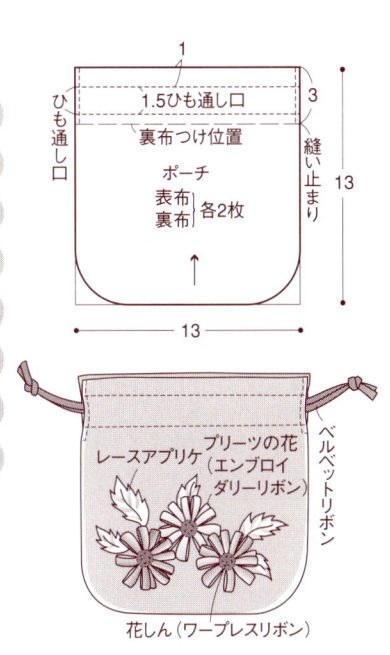

カバーの内側　ギャザーの花Dとフローラルテープの巾着

（花の直径　約2.5cm）

花弁	サテンオーガンジー(4681)	白(00)	15	48(8弁分)
〃	〃	紫(57)	15	12(2弁分)
〃	〃	藤色(70)	15	24(4弁分)
〃	〃	黄色(33)	15	24(4弁分)
〃	〃	オレンジ色(94)	15	6(1弁分)
〃	〃	薄紫(92)	15	6(1弁分)
〃	フローラルテープ(9336)	グリーン(18)	7	50
ひも	サテン(1150)	モスグリーン(17)	6	80

その他の材料　表布(別珍)40×16cm、裏布(木綿)24×16cm／三角ビーズ4個

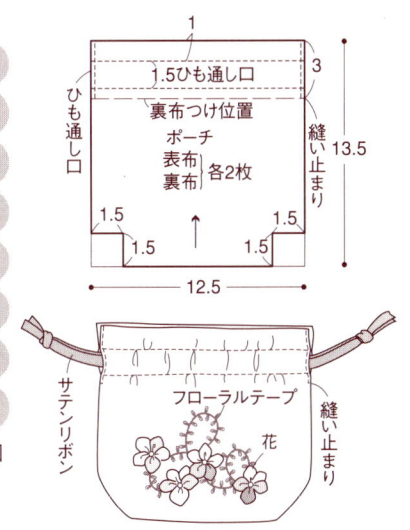

作り方ポイント
- 花は右の型紙を利用し、5弁のギャザーの花Dを4個作る。リボンの並べ方は51ページを参照。
- 表側にまずフローラルテープを縫い止め、その上に花を縫いつける。裏は後から口側にまつりつける。

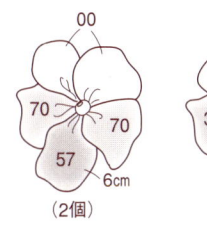

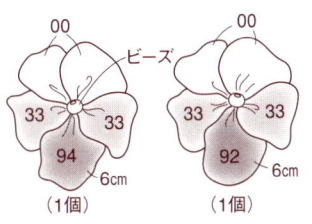

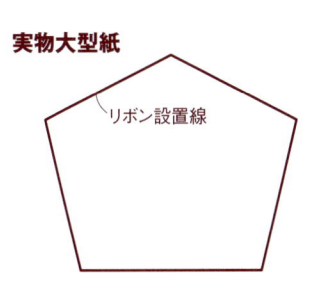

実物大型紙

13ページ　ギャザーの花のチョーカー&ブレスレット

作り方ポイント
●ギャザーの花Aを作り、それぞれ土台のシェニールテープに縫い止め、両端に止め金具をつける。

チョーカー（花の直径　2〜2.5cm）

花	ストレッチフリルオーガンジーテープ(4686)	黄色(13)	10	50(2個分)
〃	〃	クリーム色(33)	10	50(2個分)
〃	〃	濃ピンク(40)	10	25(1個分)
〃	〃	薄紫(70)	10	100(4個分)
土台	シェニールテープ(9808)	焦げ茶色(7)	15	35

その他の材料(チョーカー&ブレスレット共通)　止め金具　各1組

ブレスレット（花の直径　2〜2.5cm）

花	ストレッチフリルオーガンジーテープ(4686)	薄紫(70)	10	75(3個分)
土台	シェニールテープ(9808)	焦げ茶色(7)	15	20

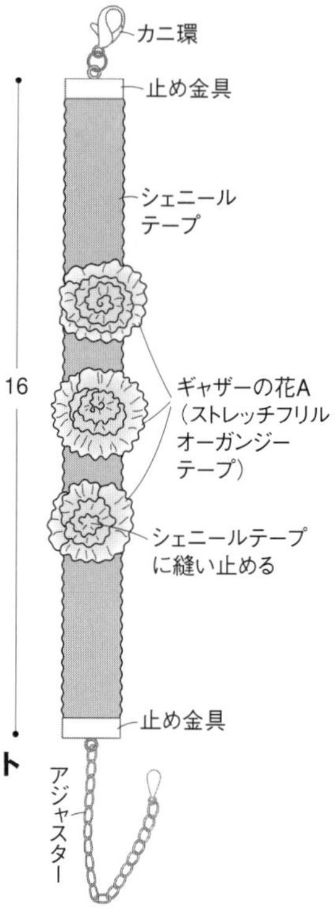

ブレスレット

13ページ　ギャザーの花とオールドローズのチョーカー&ブレスレット

作り方ポイント
●ストレッチフリルオーガンジーテープでギャザーの花A、サテンオーガンジーでオールドローズを作り、土台のブレードに縫いつけ、両端に止め金具をつける。

チョーカー（花の直径　約2cm）

ギャザーの花A	ストレッチフリルオーガンジーテープ(4686)	薄紫(70)	10	50(2個分)
オールドローズ	サテンオーガンジー(4681)	薄紫(70)	15	50(2個分)
〃	〃	ベージュ(10)	15	25(1個分)
土台	トリミングブレード(0417)	薄紫(40)	20	40

その他の材料(チョーカー&ブレスレット共通)　厚手チュール(直径3cm・1個分)／止め金具　各1組

ブレスレット（花の直径　約2cm）

ギャザーの花A	ストレッチフリルオーガンジーテープ(4686)	薄紫(70)	10	50(2個分)
オールドローズ	サテンオーガンジー(4681)	ベージュ(10)	15	25(1個分)
土台	トリミングブレード(0417)	薄紫(40)	20	20

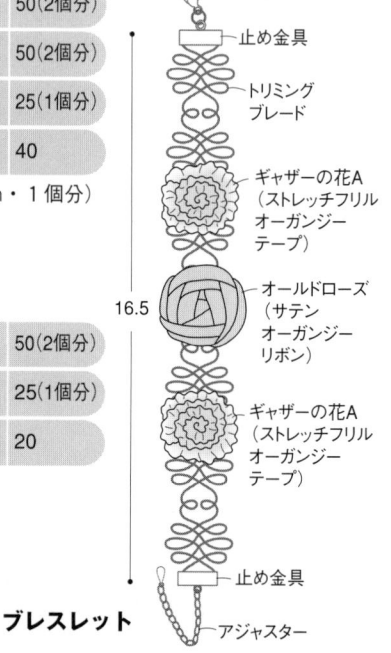

ブレスレット

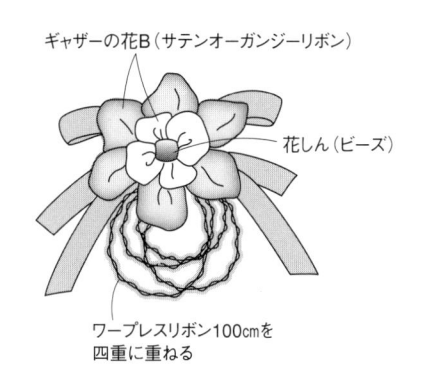

14ページ ギャザーの花のコサージュ

1（花の直径 約7cm）

花	サテンオーガンジー(4681)	薄茶色(48)	38	60
〃	〃	焦げ茶色(93)	38	60
リボン	ワープレスリボン(4675)	薄紫(70)	9	235

その他の材料　ビーズ(大)1個／ブローチピン

作り方ポイント(共通)

● ワープレスリボンはそれぞれ35cmをカットして別にする。残りは49ページを参照して縫い通してひねり、ビーズを通しておく。
● 1の作り方を参照してワープレスリボンを束ね、裏側にブローチピン、表側に花を縫いつける。

1

縫い返してひねる
10　　　　　　　　　　　　　　　　　　　　　　　　10
ワープレスリボン長さ約200cm

重ねて縫い止め
ブローチピンをつける
ワープレスリボン
長さ35cm
七重に束ねる

ギャザーの花B(サテンオーガンジーリボン)
表側に重ねる
花しん(ビーズ)

2

ギャザーの花B(サテンオーガンジーリボン)
花しん(ビーズ)
ビーズ5個を通す
ワープレスリボン125cmを四重に重ねる

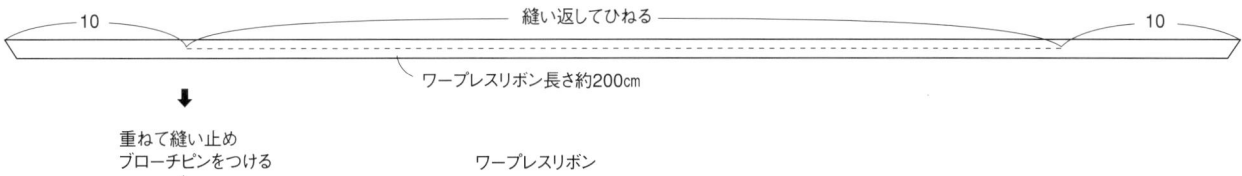

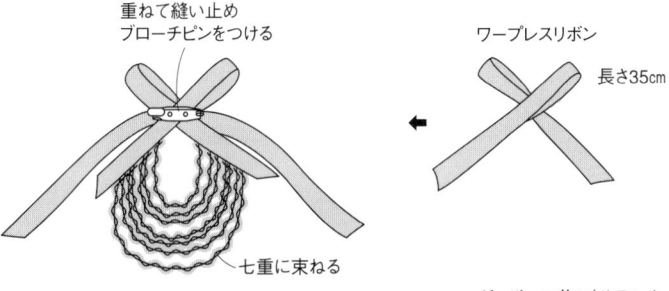

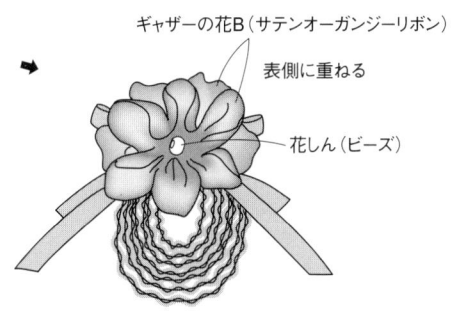

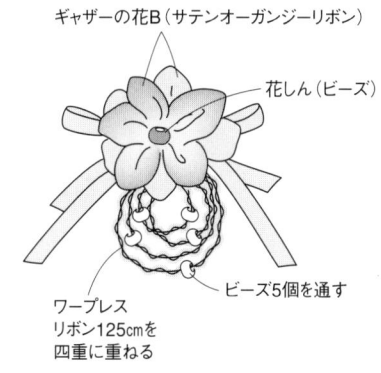

2（花の直径 約7cm）

花	サテンオーガンジー(4681)	ベージュ(10)	38	60
〃	〃	オレンジ色(13)	38	60
リボン	ワープレスリボン(4675)	薄茶色(10)	9	160

その他の材料　ビーズ(大)6個／ブローチピン

3

ギャザーの花B(サテンオーガンジーリボン)
花しん(ビーズ)
ワープレスリボン100cmを四重に重ねる

3（花の直径 約7cm）

花	サテンオーガンジー(4681)	白(00)	25	25
〃	〃	グリーン(95)	38	60
リボン	ワープレスリボン(4675)	グリーン(17)	15	135

その他の材料　ビーズ(大)1個／ブローチピン

14ページ ギャザーの花のネックレス&イヤリング

ネックレス（花の直径　約2.5cm）

| 花 | サテンオーガンジー(4681) | 赤紫(53) | 15 | 160 (8個分) |

その他の材料　ビーズ(特大)11個、(三角丸大)20個、(丸小)220個／ネックレス止め金具／ボールチップ2個

イヤリング（花の直径　約2.5cm）

| 花 | サテンオーガンジー(4681) | 薄紫(70) | 15 | 80 (4個分) |

その他の材料　ビーズ(特大)2個／イヤリング台1組

作り方ポイント
● 花は40ページを参照して4弁のギャザーの花Bをネックレスには8個、イヤリングには4個作る。
● 図を参照してまとめる。

ネックレス

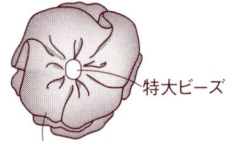

- ギャザーの花B（サテンオーガンジーリボン）
- 特大ビーズ
- 中央
- 三角丸大ビーズ
- 丸小ビーズ
- 10個
- 10個
- 花の中央に糸を通す
- ボールチップ
- 30個
- アジャスター（反対側は引き輪）

- 特大ビーズ
- ギャザーの花B（サテンオーガンジーリボン）を2個重ねてイヤリング台にボンドでつける

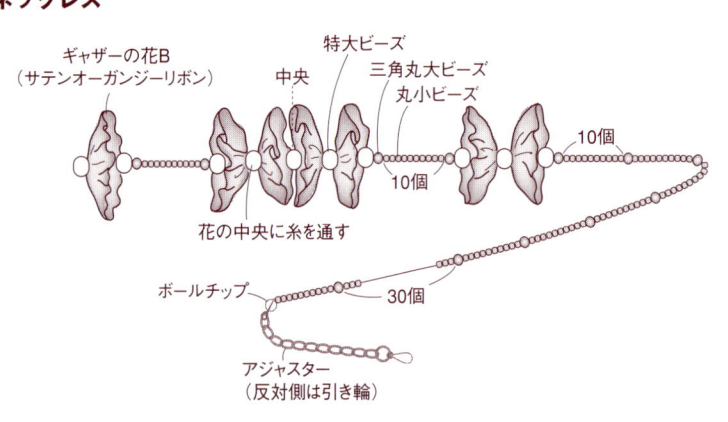

実物大型紙

- リボン設置線

15ページ オールドローズのオーナメント

ハート形のオーナメント（花の直径　大4cm、小2.5cm）

花	サテンオーガンジー(4681)	ピンク(91)	15	50 (2個分)
〃	〃	ピンク(91)	25	45
葉	オーガンジー(4563)	茶色(8)	8	100
表布	シルクモアレ(20001)	ピンク(31)	100	10
側面	メタリックコード(0919)	ゴールド(48)	3	30

その他の材料　厚手チュール直径4.5cm 1枚、直径3cm 2枚／キルトしん／厚紙／フェルト

作り方ポイント
● 44ページを参照してオールドローズを大1個、小2個作る。
● 55ページを参照して、まず表布に葉用のオーガンジーリボンを飾りつけてからオールドローズを縫い止め、同様に作る。

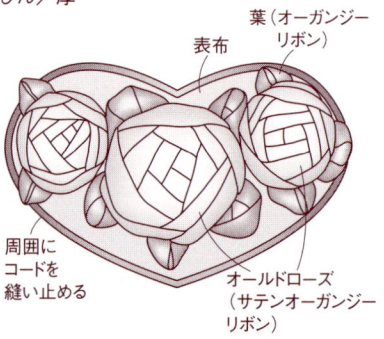

- 葉(オーガンジーリボン)
- 表布
- 周囲にコードを縫い止める
- オールドローズ(サテンオーガンジーリボン)

バスケット形のオーナメント（花の直径 2.5cm）

花	サテンオーガンジー(4681)	オレンジ色(13)	15	50(2個分)
〃	〃	黄色(33)	25	25
〃	〃	ピンク(91)	15	50(2個分)
〃	〃	サーモンピンク(94)	15	50(2個分)
葉	プリーツオーガンジーリボン(4601)	グリーン(3)	15	100
バスケット	エンブロイダリーリボン(1544)	茶色×ベージュ(15)	6	80(横)
〃	〃	茶色×オレンジ色(16)	6	50(縦)
〃	トリミングブレード(0656)	モスグリーン(16)	10	10

その他の材料　土台布(木綿)10×10cm／背景の布(木綿)5×8cm／厚手チュール直径3cm 7枚／キルトしん／厚紙／フェルト8×8cm

円形のオーナメント（花の直径　大2.8cm　小2cm）

花	サテンオーガンジー(4681)	濃ピンク(40)	15	50(2個分)
〃	〃	ピンク(91)	15	25(1個分)
〃	〃	サーモンピンク(94)	15	100(4個分)
〃	サテン(1150)	サーモンピンク(29)	15	25
リボン	オーガンジー(4563)	グリーン(13)	8	50
〃	オーガンジー(1500)	茶色(18)	11	50
側面	メタリックトリミングコード(0987)	焦げ茶色×金(7)	3	25

その他の材料　厚手チュール直径3.5cm 1枚、3cm 6枚／表布(別珍)／キルトしん／厚紙／フェルト

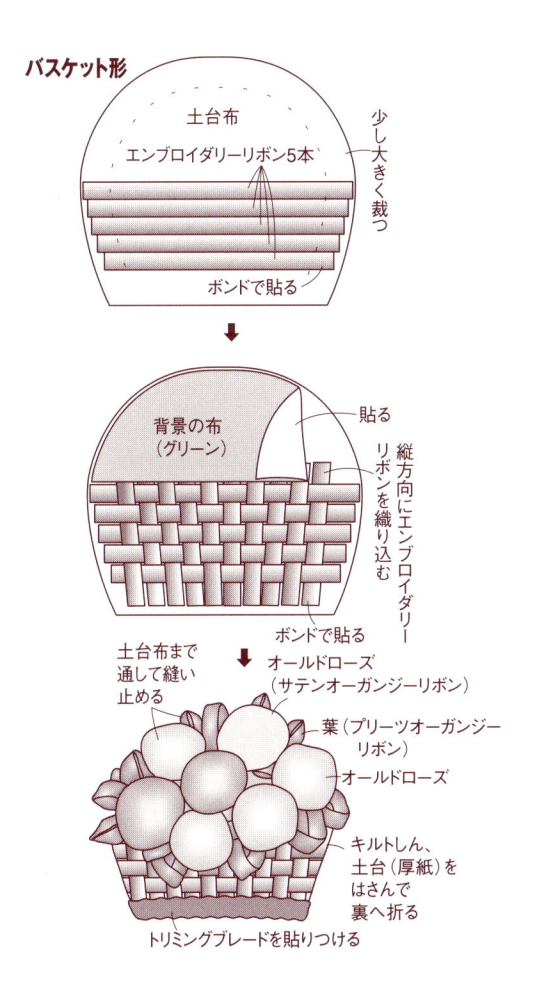

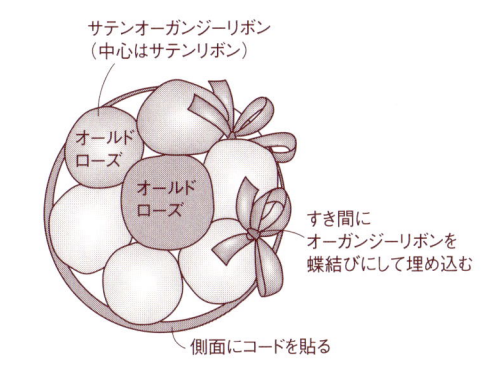

作り方ポイント
● 44ページを参照してそれぞれオールドローズを作っておく。
● 円形のオーナメントの大きいオールドローズは、サテンリボンで作る。
● バスケット形のオーナメントは、土台布にエンブロイダリーリボンをバスケットを織るように並べ、上半分に背景の布を貼りつける。
● 葉は50ページを参照して作り、55ページと上図を参照して作る。
● 裏側にフェルトを貼りつける。

バスケット形

円形

実物大型紙

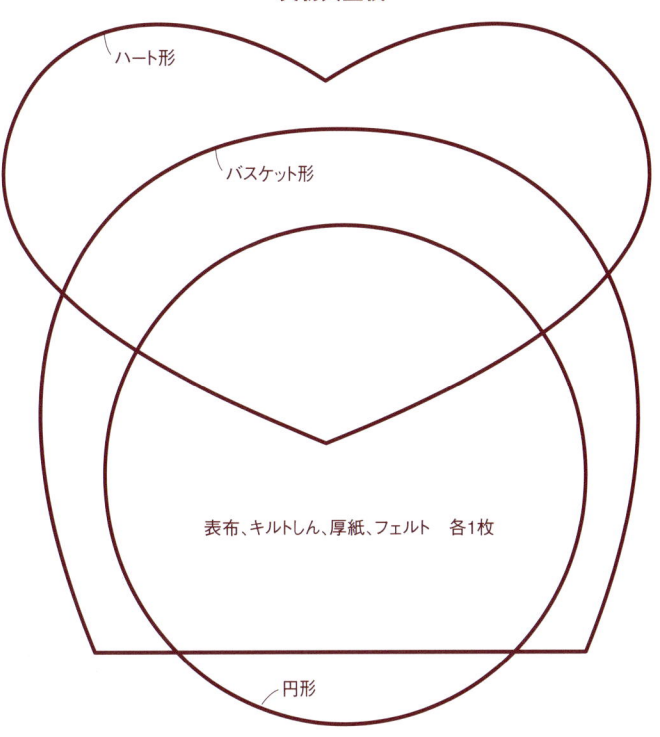

ハート形／バスケット形／円形

表布、キルトしん、厚紙、フェルト　各1枚

17ページ ギャザーの花Bとフローラルテープの巾着

(花の直径 約3cm)

花	サテンオーガンジー(4681)	白(00)	15	10×3本
〃	〃	黄色(33)	15	6×6本
〃	〃	オレンジ色(94)	15	6×3本
テープ	フローラルテープ(9336)	グリーン(18)	6	30
ひも	サテン(1150)	グリーン(17)	6	80

その他の材料 表布(別珍)40×16cm、裏布(木綿)24×16cm／三角ビーズ3個

作り方ポイント
●巾着の表側にフローラルテープ、花の順に縫いつけてから裏布をつける。
●花は57ページの型紙を利用し、40、51ページを参照して作る。

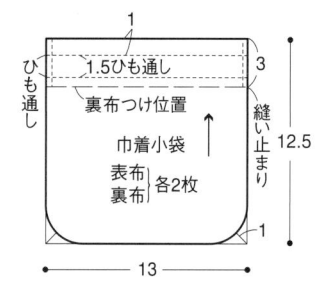

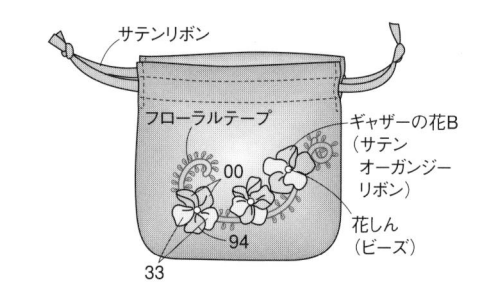

16ページ オールドローズの巾着

(花の直径 約2.5cm)

花	サテンオーガンジー(4681)	濃ピンク(40)	15	50(2個分)
〃	〃	オレンジ色(33)	15	75(3個分)
葉	エンブロイダリーリボン(1540)	グリーン(374)	7	100
テープ	ファッションコード(0739)	ピンク	3	35
ひも	ベルベット(2600)	薄ピンク(31)	4	80

その他の材料 厚手チュール直径3cm 5枚／表布(別珍)40×16cm、裏布(木綿)24×16cm

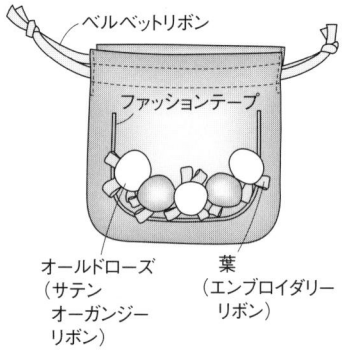

※製図は上図参照

21ページ ラリエット

花	ワープレスリボン(4675)	紫(53)	6	100

その他の材料 ビーズ(大)1個、(小)2個 ※ビーズは穴の大きいもの

作り方ポイント
●49ページを参照してワープレスリボンを縫い通し、ビーズを通す。

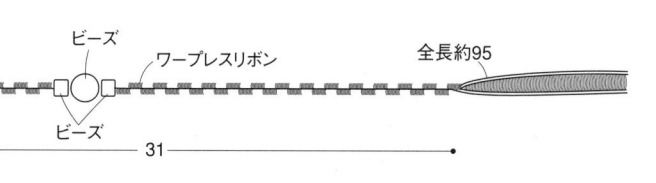

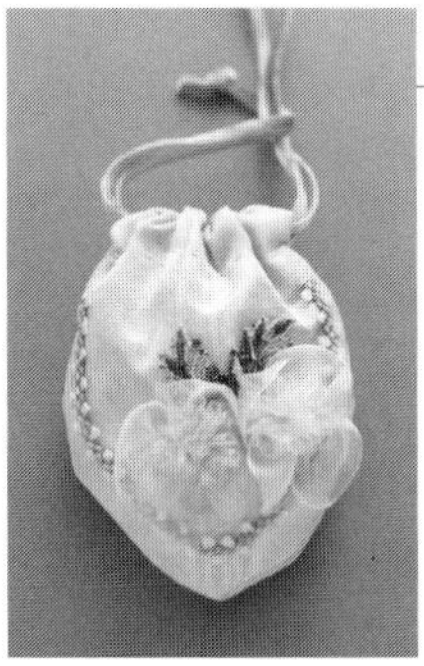

16ページ　ギャザーの花A・Bの巾着

（花の直径　約4cm）

花	サテンオーガンジー(4681)	薄青緑(23)	25	50(2個分)
〃	ストレッチフリルオーガンジーテープ(4686)	黄色(13)	10	25
〃	〃	クリーム色(33)	10	25
葉	レースアプリケ(19)	グリーン(5)		2枚
テープ	フローラルテープ(9336)	白(1)	6	25
ひも	ベルベット(2600)	グリーン(44)	4	80
表布	シルクモアレ(20001)	薄緑(72)	100	30

その他の材料　裏布(木綿)15×25cm

作り方ポイント
● 38、40ページを参照して花を作り、巾着の表側に縫い止める。

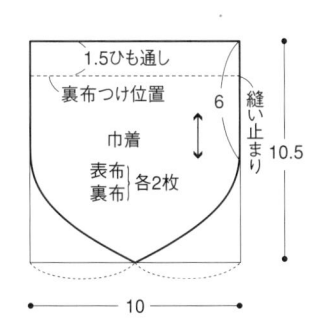

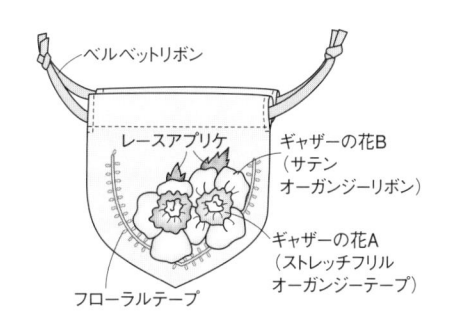

実物大型紙
リボン設置線

17ページ　ギャザーの花Bの巾着

（花の直径　約4cm）

花	サテンオーガンジー(4681)	紫(92)	15	60(3個分)
〃	〃	濃ピンク(40)	25	25
〃	〃	白(00)	25	25
〃	〃	オレンジ色(94)	25	25
表布	シルクモアレ(20001)	薄ベージュ(11)	100	30
ひも	サテン(1150)	薄ピンク(31)	6	80
縁かがり	エンブロイダリーリボン(1540)	薄ベージュ(470)	3.5	200

その他の材料　ビーズ(大)3個／裏布(木綿)25×15cm

作り方ポイント
● 40ページを参照して花を作り、巾着の表側に縫い止める。

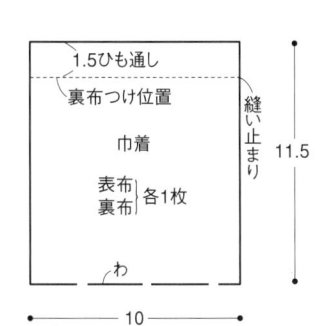

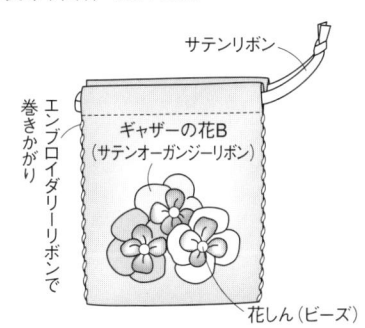

実物大型紙
リボン設置線

18ページ　巻きバラのコサージュ

1（花の直径　約3.5cm）

| 花 | クレープジョーゼット(4546) | サーモンピンク(64) | 25 | 30 |
| 葉 | メタリックオーガンジー(4617) | 茶色(8) | 25 | 15 |

その他の材料（1～3共通）　ワイヤー♯28／造花用のフローラルテープ／ブローチピンまたはハットピン

作り方ポイント
●45ページを参照して花を作り、図のようにまとめる。

2（花の直径　約7cm）

| 花 | プリーツジョーゼット(4647) | サーモンピンク(64) | 38 | 60 |
| 葉 | メタリックオーガンジー(4617) | 茶色(8) | 25 | 45 |

3（花の直径　約3cm）

| 花 | クレープジョーゼット(4546) | クリーム色(12) | 25 | 100(3個分) |
| リボン | プリーツジョーゼット(4647) | クリーム色(12) | 25 | 45 |

1
- 葉（メタリックオーガンジーリボン）
- 巻きバラA（クレープジョーゼットリボン）
- フローラルテープでまとめる

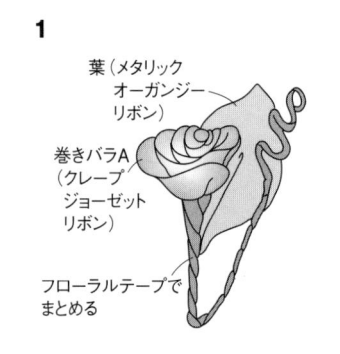

2
- 葉（メタリックオーガンジーリボン）
- 巻きバラA（プリーツジョーゼットリボン）
- フローラルテープでまとめる
- 約11

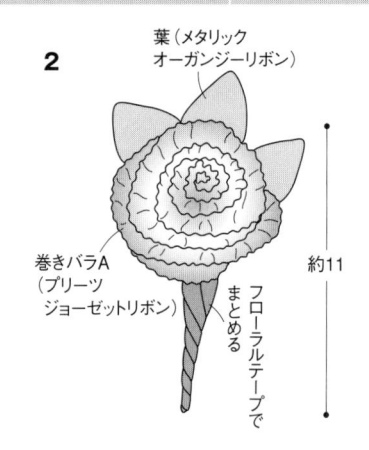

3
- 11
- 巻きバラA（クレープジョーゼットリボン）
- プリーツジョーゼットリボン

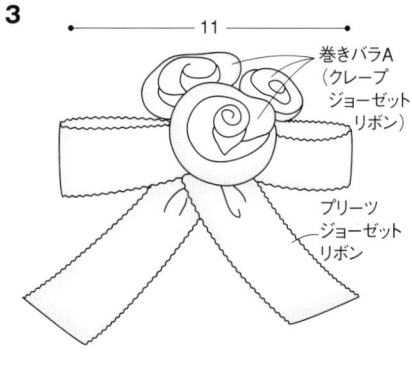

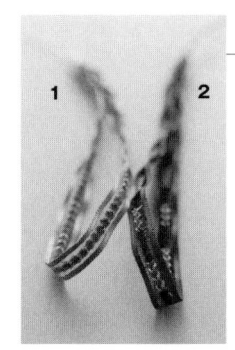

22ページ　ブレード入りストラップ

1

| ワープレスリボン(4675) | グリーン(78) | 9 | 40 |
| メタリックコード(0919) | グリーン系(23) | 3 | 40 |

その他の材料（1、2共通）　ストラップパーツ　各1セット

2

| ワープレスリボン(4675) | 赤紫(53) | 9 | 40 |
| メタリックコード(0919) | ゴールド系(9) | 3 | 40 |

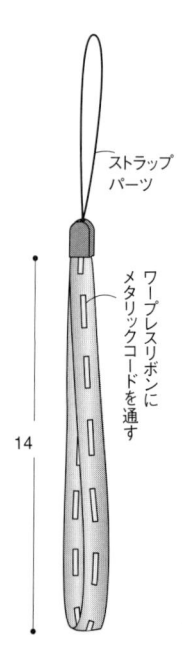

作り方ポイント
●メタリックコードをワープレスリボンに通してストラップパーツにつける（つけ方は79ページ参照）。

- ストラップパーツ
- ワープレスリボンにメタリックコードを通す
- 14

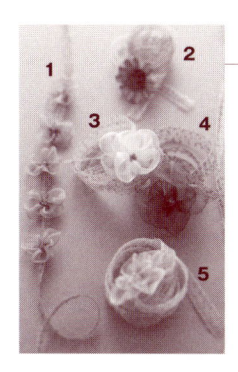

19ページ　飾りひも

実物大型紙

1（花の直径　約2.5～3cm）

花	サテンオーガンジー(4681)	薄紫(70)	15	100(5個分)
リボン	グラデーションリボン(4690)	紫(4)	5	100

その他の材料（1、3～5共通）　ビーズ適宜

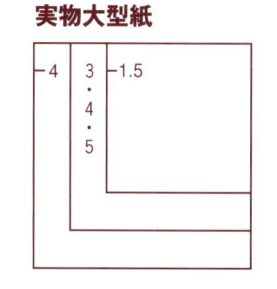

作り方ポイント
- 1と3～5は40ページを参照し、上記の型紙を使って各花を作り、グラデーションリボンを縫いつける。
- 3の花は同じ花を2個作って重ねる。

2（花の直径　約3.5cm）

花	エンブロイダリーリボン(1544)	ピンク系(2)	6	50
花しん	ワープレスリボン(4674)	緑×朱赤(17)	9	10
リボン	グラデーションリボン(4690)	オレンジ色(3)	9	100

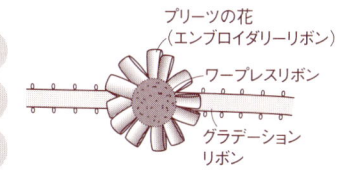

3（花の直径　約4.5cm）

花	サテンオーガンジー(4681)	オレンジ色(13)	25	25
〃	〃	黄色(33)	25	25
リボン	グラデーションリボン(4690)	オレンジ色(3)	5	100

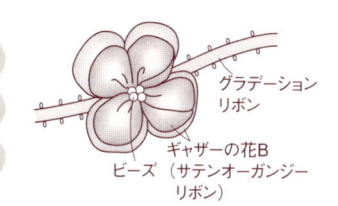

4（花の直径　約4.5cm）

花	サテンオーガンジー(4681)	えんじ色(29)	25	25
〃	〃	紫(92)	25	30
リボン	グラデーションリボン(4690)	紫(4)	9	100

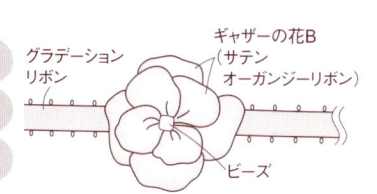

5（花の直径　約4cm）

花	サテンオーガンジー(4681)	濃ピンク(40)	15	20
〃	〃	ピンク(91)	25	25
リボン	グラデーションリボン(4690)	ピンク(6)	9	100

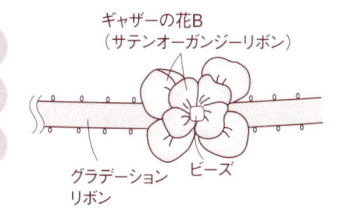

21ページ　ブレスレット

作り方ポイント
- 花は40ページを参照し、上記5の型紙を使って作り、中央に縫い止める。
- 腕輪の部分はワープレスリボンとエンブロイダリーラメを2本いっしょにして縫い通す。

（花の直径　約4cm）

花	サテンオーガンジー(4681)	ココア色(48)	15	20
〃	〃	白(00)	25	25
テープ	ワープレスリボン(4675)	白(00)	6	50
〃	エンブロイダリーラメ(F-006)	段染め	6	50

その他の材料　ビーズ（大）2個、（小）1個／止め金具

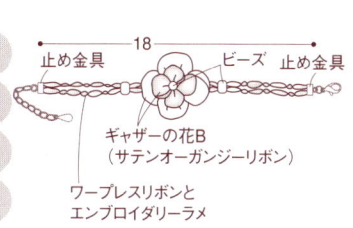

21ページ チョーカー

（花の直径 約4.5cm）

花	サテンオーガンジー(4681)	紫(92)	25	50(2個分)
チョーカー	ワープレスリボン(4675)	紫(57)	6	50
〃	〃	グレー(48)	6	50
〃	〃	焦げ茶色(67)	6	60

その他の材料 止め金具／好みのビーズ適宜

作り方ポイント
● 3本のワープレスリボンをそれぞれ縫い通し、好みのビーズを適宜に通し、花を2か所に縫い止め、両端に止め金具をつける。

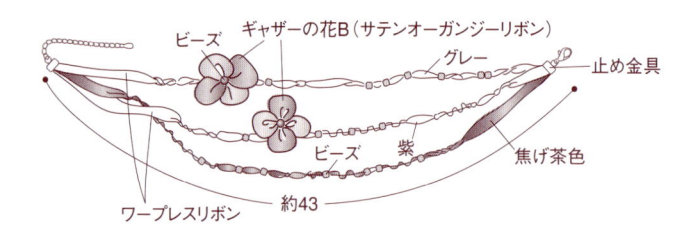

21ページ 3連ネックレス

ネックレス	ワープレスリボン(4675)	グリーン(23)	6	50×2本
〃	〃	グリーン(78)	9	50
〃	オーガンジーリボン(4563)	紫(11)	8	50

その他の材料 止め金具／好みのビーズ適宜

作り方ポイント
● 6mm幅のワープレスリボンは1本ずつ、9mm幅のワープレスリボンはオーガンジーリボンと2本いっしょにしてそれぞれ縫い通す(49ページ参照)。
● 図を参照して好みのビーズを通し、両端に止め金具をつける。

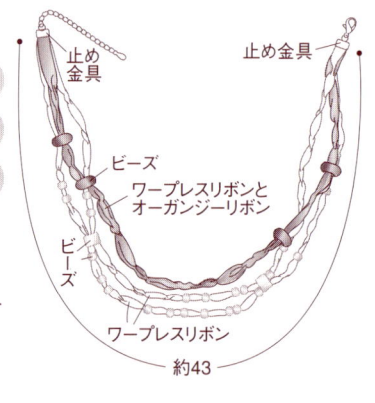

22ページ ビーズ付きストラップ

1

ストラップ	ワープレスリボン(4675)	ベージュ(10)	6	40
〃	エンブロイダリーリボン(1505)	茶色(48)	4	40

その他の材料（1、2共通） 好みのビーズ／ストラップパーツ

2

ストラップ	ワープレスリボン(4675)	ブルー(25)	6	30×2本
〃	オーガンジーリボン(1500)	グレー(5)	5	30

作り方ポイント
● 1は2本をいっしょにして縫い通し、好みのビーズを通し、ストラップパーツにつなぐ。
● 2はワープレスリボン1本と、オーガンジーリボンと合わせた2本をそれぞれ縫い通し、1と同様に作る。

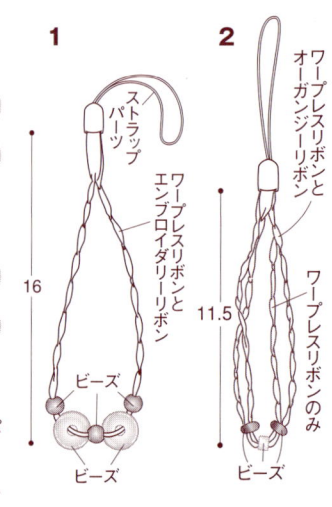

26ページ パッチワークのマフラー・スミレ

作り方ポイント
● 43、51ページを参照して花を3個作る。
● 図を参照してマフラーを作り、花を縫いつける。

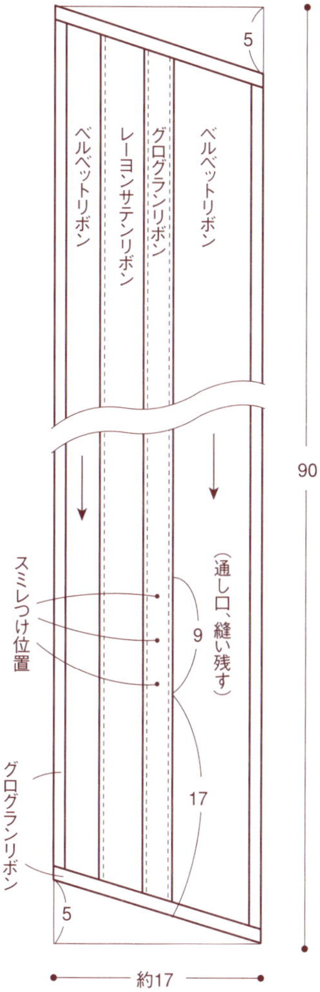

（花の直径　約5cm）

花	クレープジョーゼット(4546)	白(00)	25	50(3個分)
〃	〃	紫(92)	25	72(3個分)
〃	〃	濃紫(26)	25	36(3個分)
花しん	エンブロイダリーリボン(1544)	黄色(5)	6	30(3個分)
マフラー	ベルベット(2600)	濃紫(93)	38	90
〃	〃	茶色(8)	75	90
〃	グログラン(8700)	青(11)	25	90
〃	レーヨンサテン(1000)	紫(63)	48	90
縁取り	グログラン(8700)	茶色(21)	15	220

その他の材料　裏布(化繊または絹)90×20cm

花
ギャザーの花D（クレープジョーゼットリボン）
花しん　ひと結び（エンブロイダリーリボン）
00　92　92　26

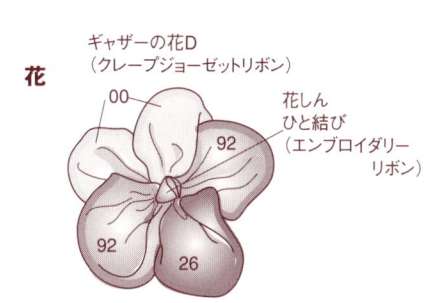

実物大型紙
リボン設置線

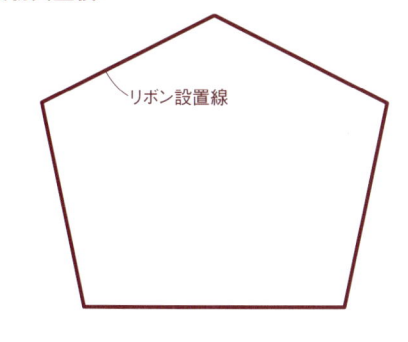

縫い方
グログランリボン　ベルベットリボン　レーヨンサテンリボン　グログランリボン　ベルベットリボン
リボンを重ねてすべて手縫い
裏布
二つ折りにして裏布もいっしょにはさむ

ベルベットリボン　グログランリボン　ベルベットリボン
スミレつけ位置　グログランリボン
通し口 縫い残す
5　9　17　5　90　約17

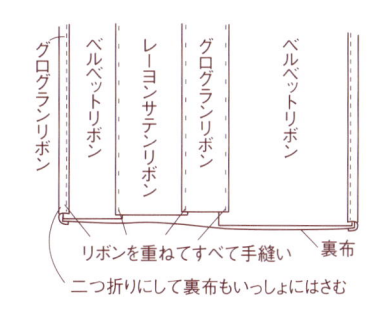

25ページ　市松柄の巻きバラのコサージュ

1（花の直径　約6.5cm）

花	チェックベルベット(4524)	えんじ色(28)	24	60

2（花の直径　約6.5cm）

花	チェックベルベット(4524)	紫(26)	24	60

その他の材料　ブローチピン
作り方ポイント
● 46ページを参照して作る。

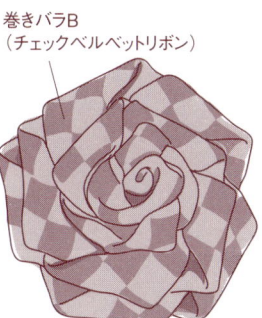

巻きバラB（チェックベルベットリボン）

23ページ　ファッションベルトA

ベルト	ワープレスリボン(4673)	紺×緑(32)	27	180
〃	〃	茶色×緑(30)	27	180

その他の材料　好みのビーズ／好みのリング直径4.5cm

作り方ポイント
●49ページAを参照してワープレスリボンを縫い通し、両端を始末して好みのビーズをつけ、リングに通す。

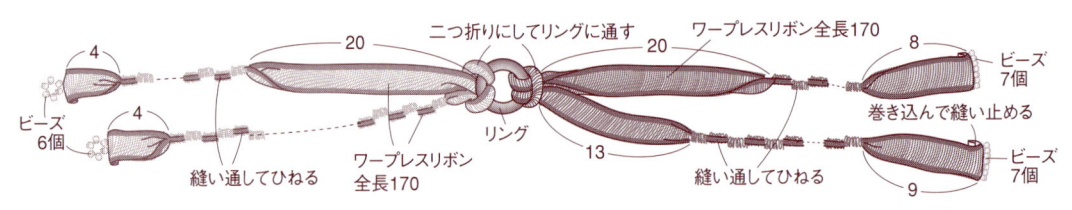

図中ラベル：4／ビーズ6個／縫い通してひねる／ワープレスリボン全長170／20／二つ折りにしてリングに通す／リング／ワープレスリボン全長170／20／13／縫い通してひねる／8／9／巻き込んで縫い止める／ビーズ7個

23ページ　ファッションベルトB

ベルト	ワープレスリボン(4675)	緑(90)	6	180
〃	〃	焦げ茶色(67)	6	180
〃	〃	黄緑(17)	15	180
〃	〃 (4676)	濃緑(18)	15	180

その他の材料　好みのビーズ／ウッドリング直径4cm

作り方ポイント
●49ページを参照し、(4676)はBの方法、その他はAの方法で縫い通し、好みのビーズを適宜に通してリングに通す。端は切ったまま。

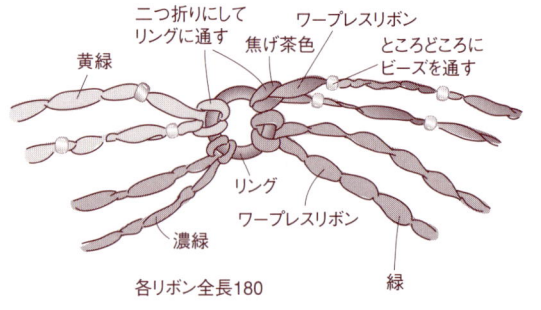

図中ラベル：黄緑／二つ折りにしてリングに通す／焦げ茶色／ワープレスリボン／ところどころにビーズを通す／リング／ワープレスリボン／濃緑／緑／各リボン全長180

9ページ　ひまわりのコサージュ

1（花の直径　約6cm）

花弁	サテンリボン(1150)	黄色(32)	15	70
〃	サテンオーガンジー(4681)	白(00)	15	70
花しん	ワープレスリボン(4674)	からし色×青緑(30)	9	30
葉	プリーツリボン(4646)	緑(16)	25	10

その他の材料　ブローチピン

作り方ポイント
●2枚のリボンを重ねてプリーツの花を作り、裏側にブローチピンをつける。
●2～5は色違い。

図中ラベル：プリーツの花(サテンリボン、サテンオーガンジーリボンの2枚重ね)／葉(プリーツリボン)／花しん(ワープレスリボン)／※葉の作り方は69ページ参照

26ページ 巻きバラのコサージュ

1（花の直径 約10.5cm）

| 花 | ベルベット(2600) | 濃紫(52) | 38 | 80 |
| 葉 | プリーツジョーゼット(4647) | 薄紫(92) | 38 | 40(2枚分) |

その他の材料(1〜3共通) フェルト(適宜の円形)／ブローチピン

2（花の直径 約9cm）

| 花 | ベルベット(2600) | 赤(57) | 38 | 80 |
| 葉 | プリーツルミナス(4646) | 緑(16) | 25 | 32(2枚分) |

3（花の直径 約7.5cm）

| 花 | フリルベルベッチン(4585) | 深紅(28) | 28 | 60 |

作り方ポイント
●1〜3とも花は46ページを参照して作り、1の葉は50ページを参照して作る。この花は手加減で出来上がりが変化するのでリボンは長めに用意して、よい形になったところで終わりにする。
●裏側に円形のフェルトを縫いつけ、ブローチピンをつける。

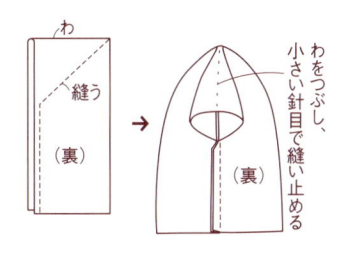

花　巻きバラB（ベルベットリボン）
葉（プリーツルミナスリボン）

葉　わ／縫う／(裏) → わをつぶし、小さい針目で縫い止める／(裏)

ステッチの刺し方とビーズのつけ方

糸刺しゅう

アウトライン・S

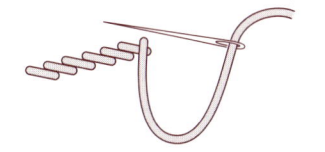

レゼーデージー・S

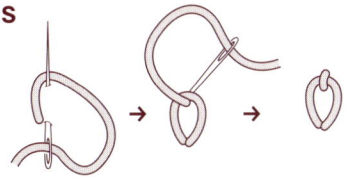

ビーズのつけ方

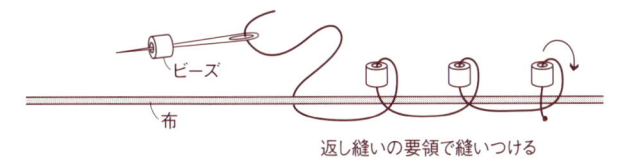

ビーズ／布／返し縫いの要領で縫いつける

リボン刺しゅう

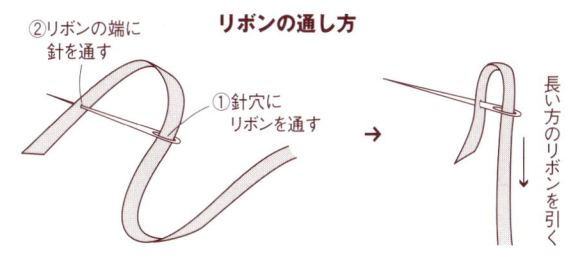

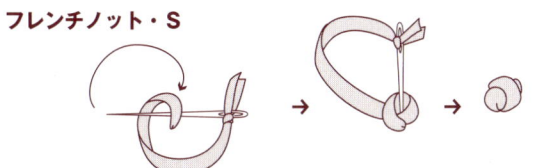

リボンの通し方
①針穴にリボンを通す
②リボンの端に針を通す
長い方のリボンを引く

フレンチノット・S

ヘリンボーン・S

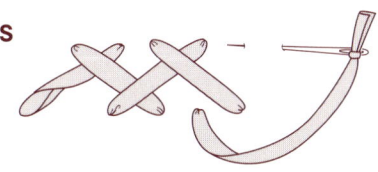

27ページ パッチワークのマフラー・バラ

（花の直径 4cm）

花	サテンリボン(1150)	ピンク(40)	25	70
マフラー	ベルベット(2600)	えんじ色(52)	75	80
〃	〃	〃	36	115=80+35
〃	レーヨンサテン(1000)	えんじ色(53)	36	80
〃	チェックベルベット(4524)	オレンジ色(9)	36	35
〃(リボンを含む)	フリルベルベッチン(4585)	深紅(28)	28	115=80+35
縁取り	グログラン(8700)	赤紫(23)	15	220
ステッチ	エンブロイダリーリボン(1540)	淡紅(013)	3.5	500

その他の材料 厚手チュール直径4.5cm／裏布90×18cm

作り方ポイント
● リボンを重ねて手縫いではぎ合わせ、裏布を重ねてマフラーを作り、花をつける。
● リボンは素材が違うので多少ずれるが、気にしないで縫い進める。

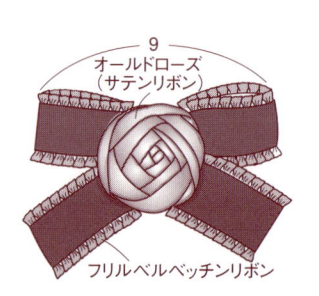

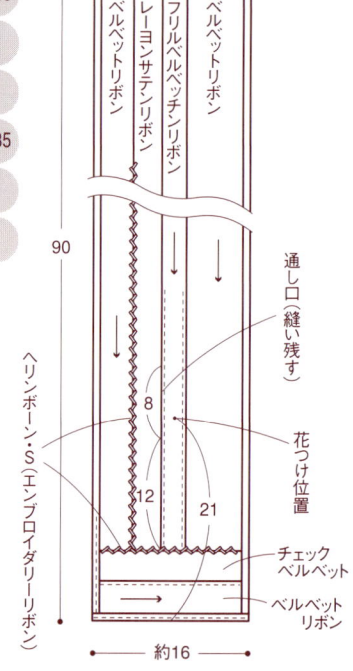

27ページ ギャザーの花の巾着

（花の直径 約3cm）

花	ベルベットリボン(2600)	赤(57)	25	15
花しん	〃	深紅(53)	9	10
葉	シェニールコード(9346)	淡緑(78)	10	30
ひも	サテンリボン(1150)	緑(17)	6	80

その他の材料 表布(別珍)40×16cm、裏布(木綿)24×16cm／丸大ビーズ適宜

作り方ポイント
● 表布で巾着を作り、モールコード、花、ビーズをつけてから裏布をつける。
● 花は39ページ、花しんは50ページを参照して作る。

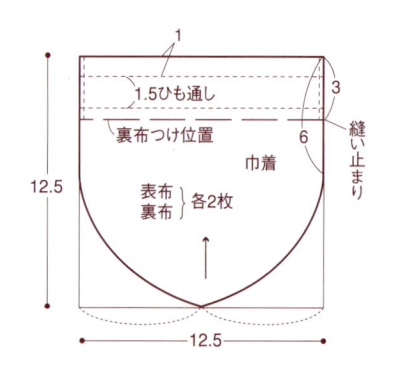

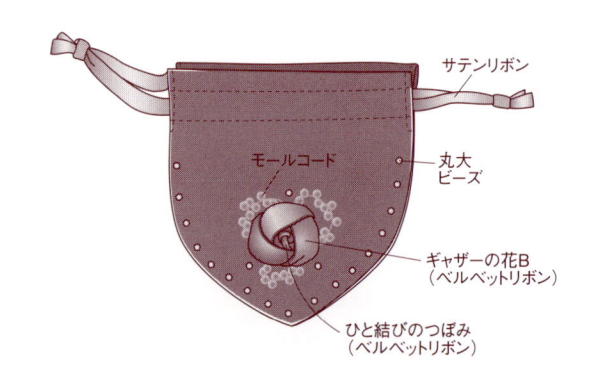

29ページ　星座のオーナメント　さそり座

刺しゅう	フローラルテープ(9336)	緑(18)	6	50
〃	エンブロイダリーリボン(1542)	黄色(5)	3.5	150
側面、ひも通し、ネックレス	メタリックコード(0919)	白×金(2)	3	130

その他の材料　デリカビーズ適宜／25番刺しゅう糸適宜

オーナメント共通の材料

- 表布(別珍)…10×12cm
- 土台の厚紙…図案と同寸
- キルトしん…図案より少し大きめ
- フェルト……図案よりひと回り小さめ

その他の材料　ペンダントにするときはひも通し用とネックレス用のコード、ブローチにするときはブローチピン。

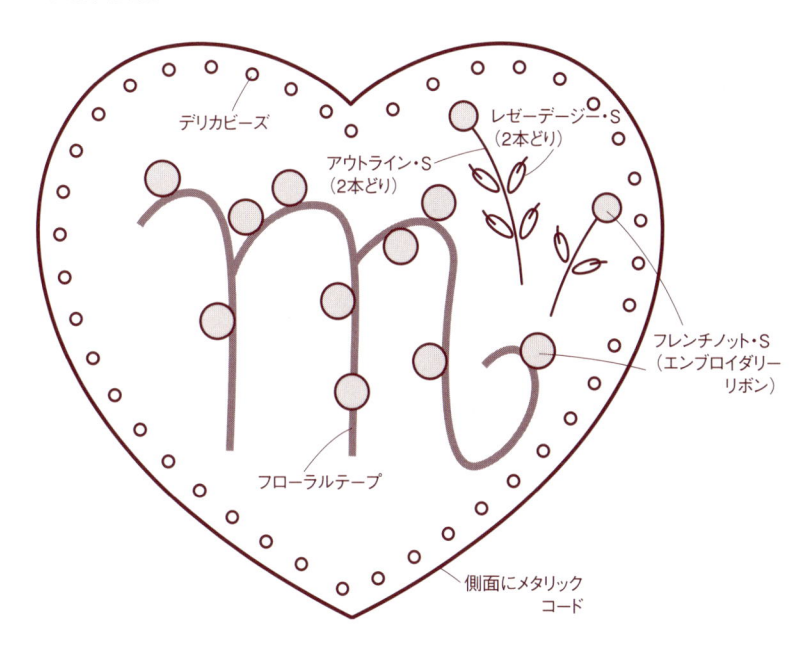

作り方ポイント (71～74ページ共通)

● 表布に図案を写して刺しゅうをし、周囲にビーズをつける。
● フローラルテープは47ページを参照して配置し、フレンチノット・Sで押さえつける。
● ひも通しをつけるときは、フローラルテープと同じ要領で、コードなどを表布に縫い通しておく。
● 作り方図を参照して作り、ブローチにするときはブローチピンをつけ、ペンダントにするときはひも通しにコードなどを通す。

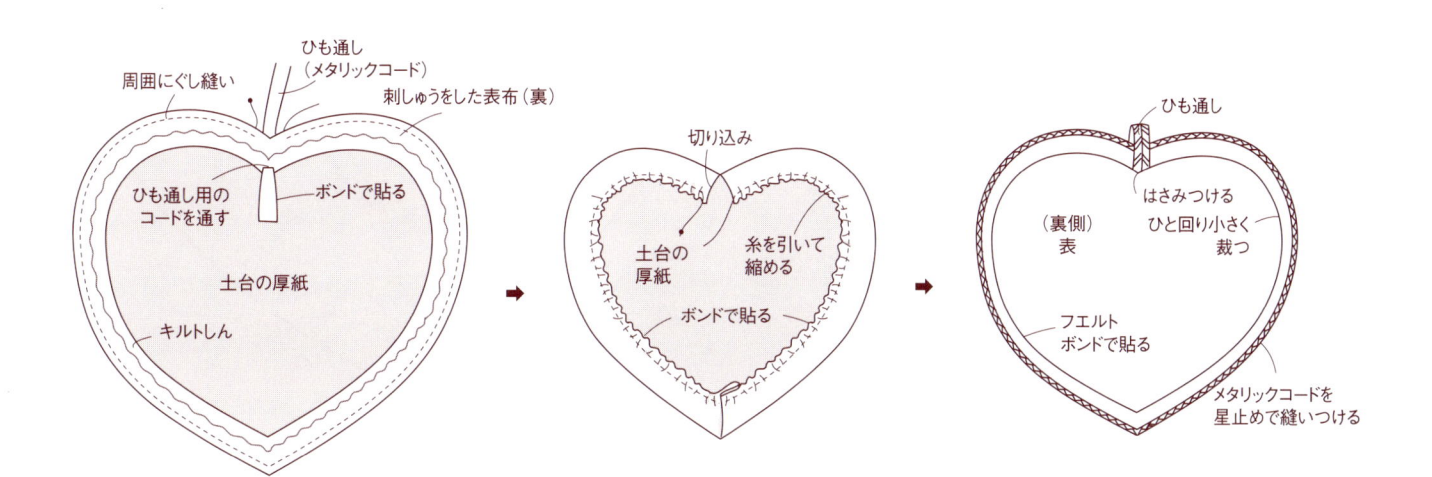

実物大図案

（図案：ハート型にさそり座のマーク。デリカビーズ、レゼーデージー・S(2本どり)、アウトライン・S(2本どり)、フレンチノット・S(エンブロイダリーリボン)、フローラルテープ、側面にメタリックコード）

（作り方図）
- 周囲にぐし縫、ひも通し(メタリックコード)、刺しゅうをした表布(裏)、ひも通し用のコードを通す、ボンドで貼る、土台の厚紙、キルトしん
- 切り込み、土台の厚紙、糸を引いて縮める、ボンドで貼る
- ひも通し、はさみつける、(裏側)表、ひと回り小さく裁つ、フェルトボンドで貼る、メタリックコードを星止で縫いつける

29ページ　星座のオーナメント　魚座

実物大図案

図案ラベル：
- 側面にメタリックトリミングコード
- デリカビーズ
- アウトライン・S（2本どり）
- フローラルテープ
- レゼーデージー・S（2本どり）
- フレンチノット・S（エンブロイダリーリボン）

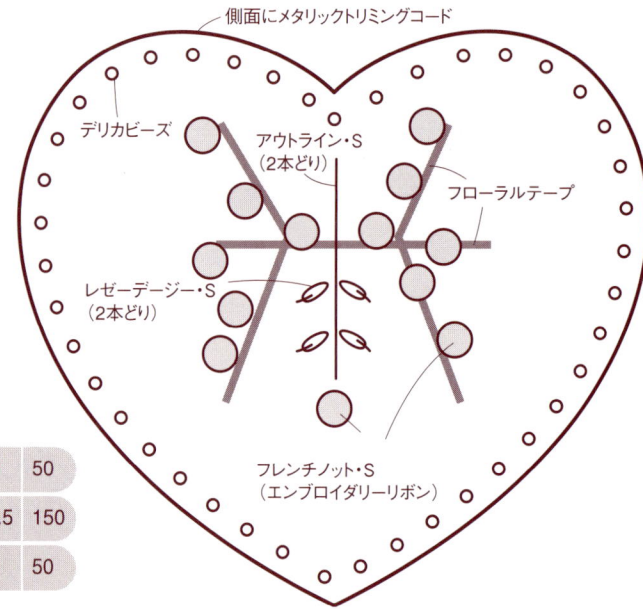

刺しゅう	フローラルテープ(9336)	緑(18)	6	50
〃	エンブロイダリーリボン(1542)	紫(9)	3.5	150
側面、ひも通し	メタリックトリミングコード(0987)	白×金(2)	3	50

その他の材料　デリカビーズ適宜／25番刺しゅう糸適宜

29ページ　星座のオーナメント　山羊座

実物大図案

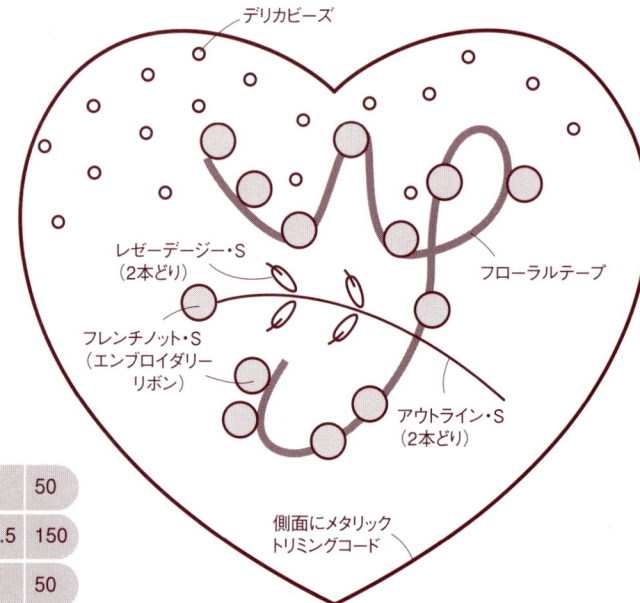

図案ラベル：
- デリカビーズ
- レゼーデージー・S（2本どり）
- フローラルテープ
- フレンチノット・S（エンブロイダリーリボン）
- アウトライン・S（2本どり）
- 側面にメタリックトリミングコード

刺しゅう	フローラルテープ(9336)	緑(18)	6	50
〃	エンブロイダリーリボン(1542)	ピンク(7)	3.5	150
側面、ひも通し	メタリックトリミングコード(0987)	緑×金(36)	3	50

その他の材料　デリカビーズ適宜／25番刺しゅう糸適宜

29ページ 星座のオーナメント　水がめ座

実物大図案

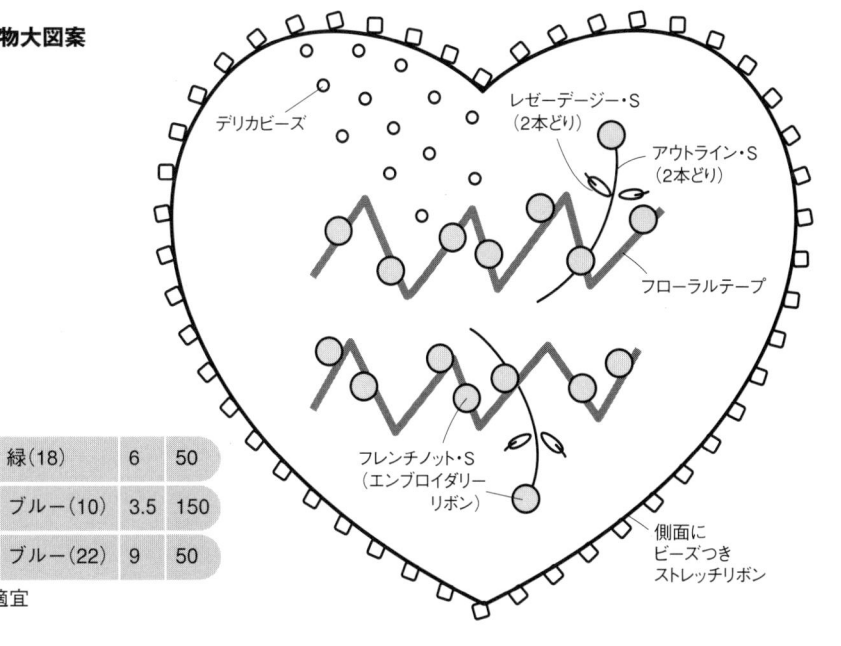

- デリカビーズ
- レゼーデージー・S（2本どり）
- アウトライン・S（2本どり）
- フローラルテープ
- フレンチノット・S（エンブロイダリーリボン）
- 側面にビーズつきストレッチリボン

刺しゅう	フローラルテープ(9336)	緑(18)	6	50
〃	エンブロイダリーリボン(1542)	ブルー(10)	3.5	150
側面	ビーズつきストレッチリボン(4672)	ブルー(22)	9	50

その他の材料　デリカビーズ適宜／25番刺しゅう糸適宜

29ページ 星座のオーナメント　射手座

実物大図案

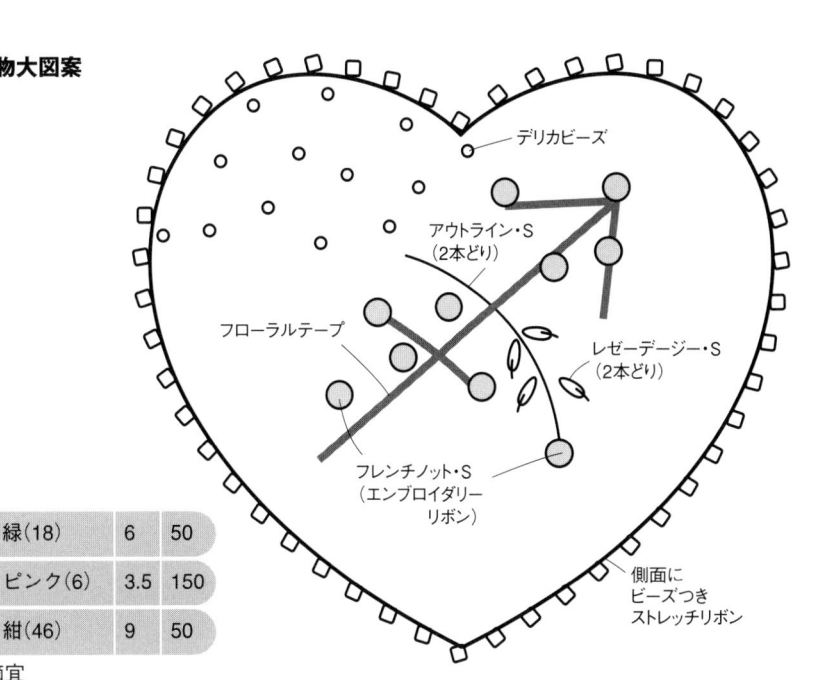

- デリカビーズ
- アウトライン・S（2本どり）
- フローラルテープ
- レゼーデージー・S（2本どり）
- フレンチノット・S（エンブロイダリーリボン）
- 側面にビーズつきストレッチリボン

刺しゅう	フローラルテープ(9336)	緑(18)	6	50
〃	エンブロイダリーリボン(1542)	ピンク(6)	3.5	150
側面	ビーズつきストレッチリボン(4672)	紺(46)	9	50

その他の材料　デリカビーズ適宜／25番刺しゅう糸適宜

29ページ　星座のオーナメント　獅子座(しし)

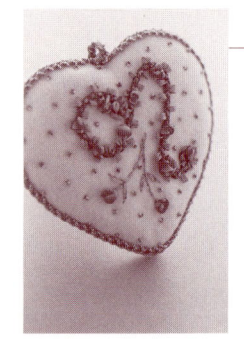

実物大図案

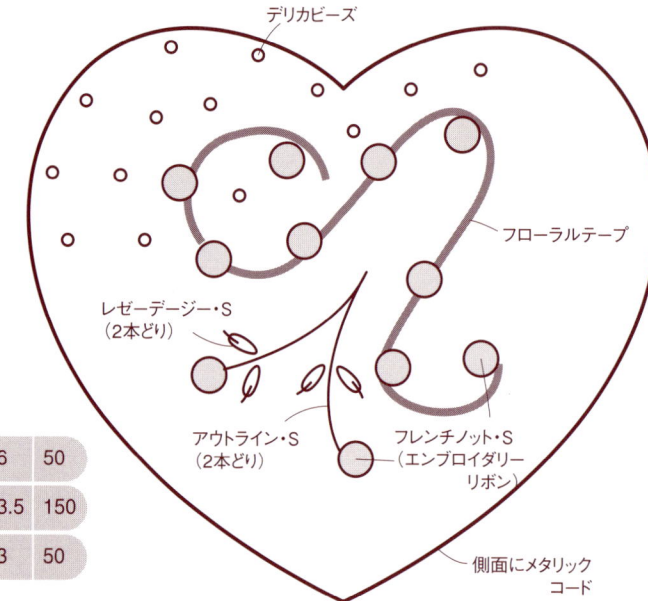

図中ラベル：
- デリカビーズ
- フローラルテープ
- レゼーデージー・S（2本どり）
- アウトライン・S（2本どり）
- フレンチノット・S（エンブロイダリーリボン）
- 側面にメタリックコード

刺しゅう	フローラルテープ(9336)	緑(18)	6	50
〃	エンブロイダリーリボン(1542)	赤(1)	3.5	150
側面	メタリックコード(0919)	淡緑×金(18)	3	50

その他の材料　デリカビーズ適宜／25番刺しゅう糸適宜

29ページ　星座のオーナメント　牡牛座(おうし)

実物大図案

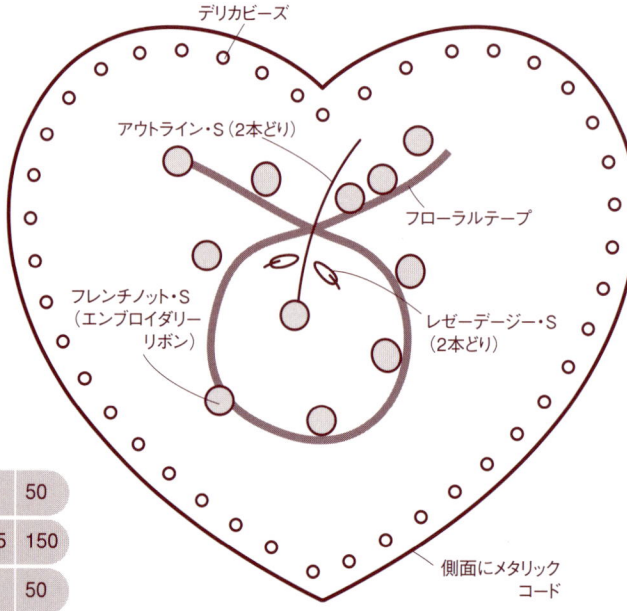

図中ラベル：
- デリカビーズ
- アウトライン・S（2本どり）
- フローラルテープ
- フレンチノット・S（エンブロイダリーリボン）
- レゼーデージー・S（2本どり）
- 側面にメタリックコード

刺しゅう	フローラルテープ(9336)	緑(18)	6	50
〃	エンブロイダリーリボン(1542)	オレンジ色(3)	3.5	150
側面	メタリックコード(0919)	茶色×金(9)	3	50

その他の材料　デリカビーズ適宜／25番刺しゅう糸適宜

口絵に登場しなかった星座の図案集

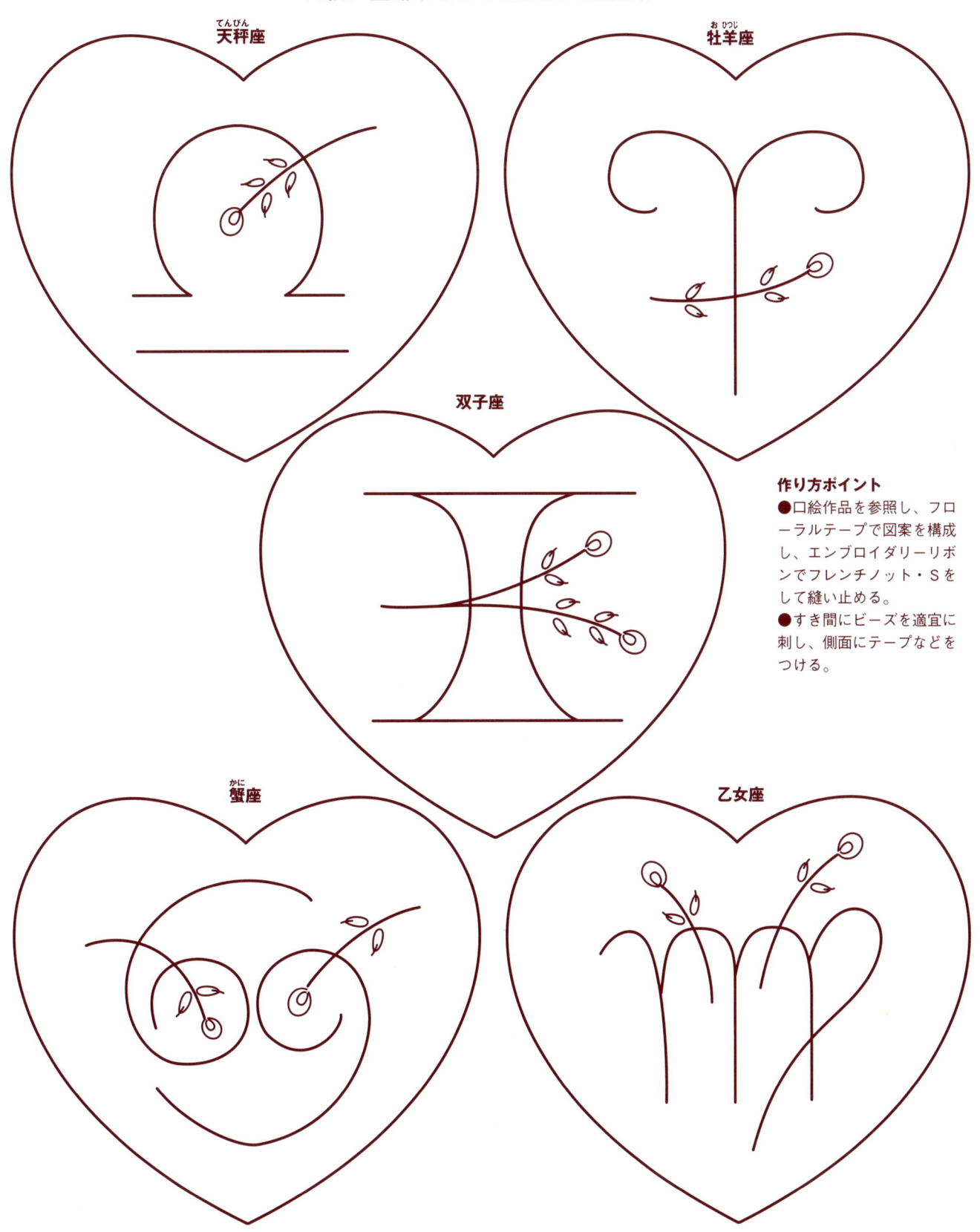

天秤座
てんびん

牡羊座
お ひつじ

双子座

蟹座
かに

乙女座

作り方ポイント
●口絵作品を参照し、フローラルテープで図案を構成し、エンブロイダリーリボンでフレンチノット・Sをして縫い止める。
●すき間にビーズを適宜に刺し、側面にテープなどをつける。

30ページ ファッションベルト・オールドローズ

(花の直径 4cm)

花	オーガンジー(4563)	ピンク(18)	15	200(4個分)
刺しゅう	シェニールコード(9346)	濃緑(16)	10	160
〃	フローラルテープ(9334)	薄紫(10)	6	90
〃	〃 (9336)	緑(18)	6	120
〃	エンブロイダリーリボン(1543)	段染め(5)	3.5	600
縁取り	ファッションコード(0962)	赤紫(28)	3	150
〃	エンブロイダリーリボン(1540)	紫(153)	3.5	800
前ひも	ストレッチツイストコード(4689)	赤紫×黒(14)	3.5	75×2本
〃	〃	紫×黒(19)	3.5	75×2本

その他の材料
- 表布(別珍)……70×20cm
- 裏布(人工皮革)……70×20cm
- 厚手しん……70×15cm
- レースアプリケ(葉)……15枚
- 厚手チュール 直径4.5cm……4枚

作り方ポイント
- ●着る人のウエスト寸法を基に製図を参照して型紙を作る。
- ●(1)図を参照し、①②の順にコード、フローラルテープを配置し、フレンチノット・Sを加える。
- ●(1)のコード類に重ねて、左右の前端に葉と花を縫いつける。
- ●(3)図を参照して仕上げる。
- ●材料の使用量は寸法により異る。花の位置、数なども考慮する。

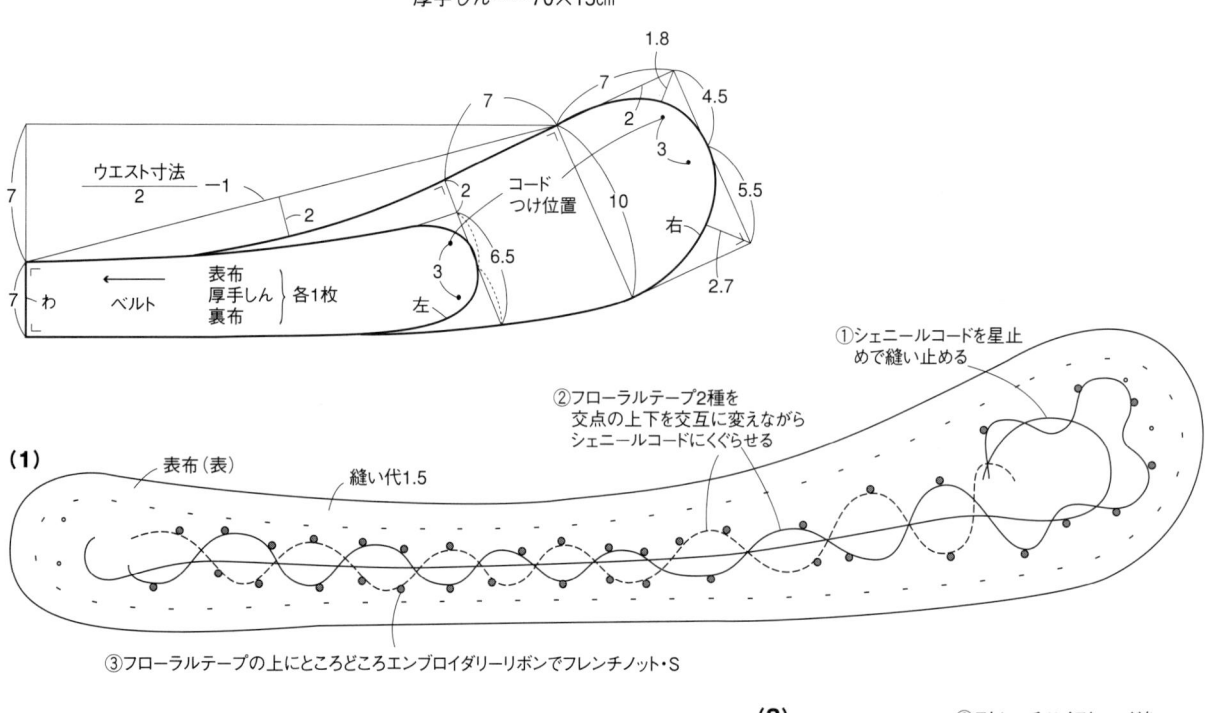

(1) ①シェニールコードを星止めで縫い止める
②フローラルテープ2種を交点の上下を交互に変えながらシェニールコードにくぐらせる
③フローラルテープの上にところどころエンブロイダリーリボンでフレンチノット・S

(2) オールドローズ(オーガンジーリボン) / レースアプリケ
花と葉をつける / レースアプリケ / オールドローズ(オーガンジーリボン)

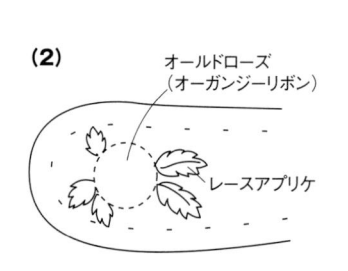

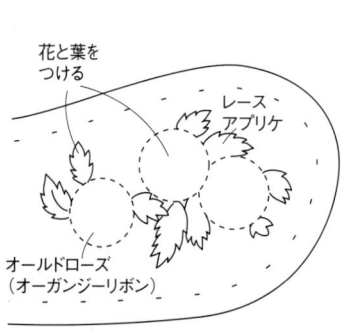

(3) ①表布を折って厚手しんに貼る
②エンブロイダリーリボンでコードをかがりつける
③ストレッチツイストコードを通す
④最後に裏布を貼りつける
縫い止める

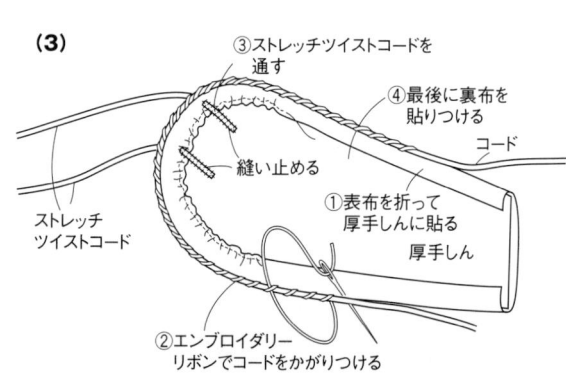

31ページ ファッションベルト・ギャザーの花

（花の直径 約2～2.5cm）

花	ストレッチフリルオーガンジーテープ(4686)	黄色(13)	10	50(2個分)
〃	〃	濃ピンク(40)	10	50(2個分)
〃	〃	ピンク(91)	10	200(9個分)
〃	〃	オレンジ色(94)	10	200(8個分)
刺しゅう	フローラルテープ(9336)	白(1)	6	140
〃	〃	茶色(17)	6	140
〃	(9334)	黄緑(5)	6	140
〃	エンブロイダリーリボン(1543)	段染め(6)	3.5	500
〃	グラデーションコード(0925GR)	段染め(4)	1	140
縁取り	ファッションコード(0962)	ゴールド(14)	2	160
〃	エンブロイダリーリボン(1540)	ピンク(112)	3.5	500
前ひも	ストレッチツイストコード(4689)	オレンジ色×黒(12)	3.5	75×2本
〃	〃	ベージュ×紺(15)	3.5	75×2本

その他の材料　表布(別珍)……70×20cm　厚手しん布……70×20cm
　　　　　　　　裏布(人工皮革)……70×20cm　レースアプリケ(葉)……16枚

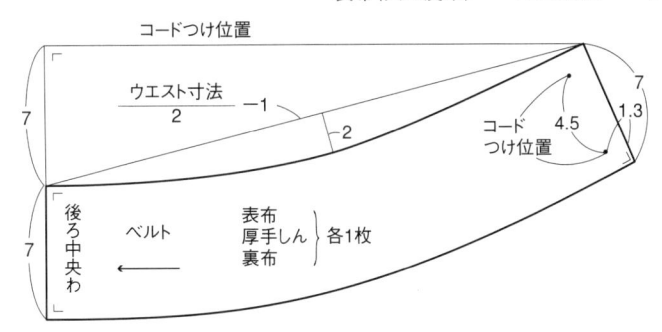

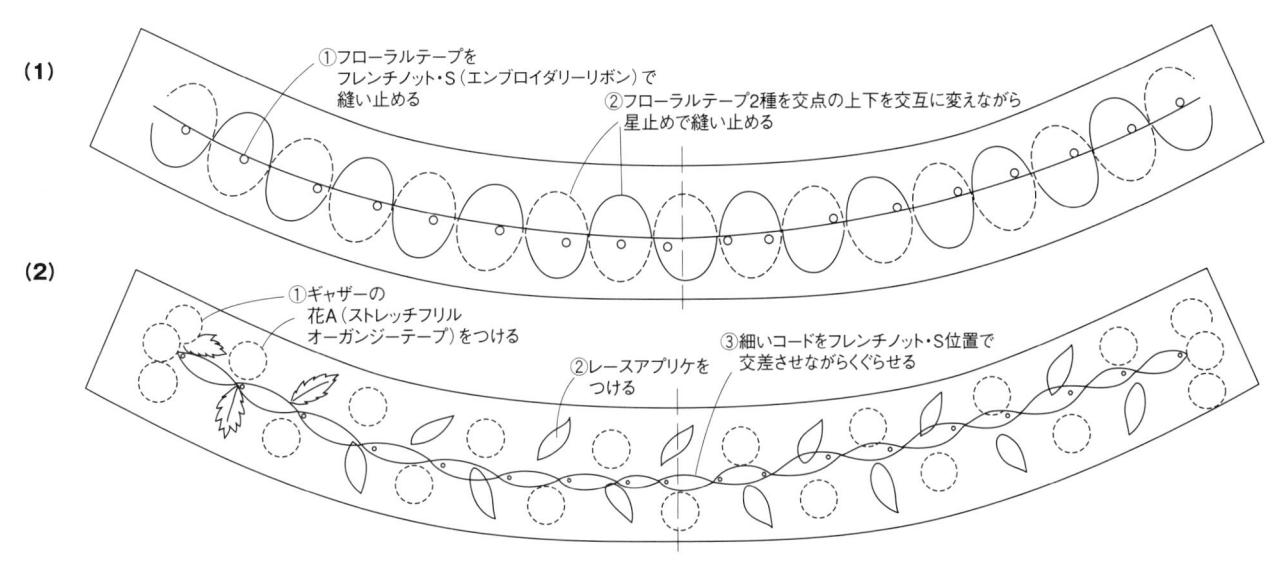

作り方ポイント
● 着る人のウエスト寸法を基に型紙を作り、縫い代をつけて表布を裁つ。
● (1)(2)の要領でテープ類を刺しゅうし、花、葉を縫いつける。
● 76ページ(3)の要領で仕上げる。
● 材料の使用量は寸法により異なる。花の位置、数なども考慮する。

(1) ①フローラルテープをフレンチノット・S(エンブロイダリーリボン)で縫い止める
②フローラルテープ2種を交点の上下を交互に変えながら星止めで縫い止める

(2) ①ギャザーの花A(ストレッチフリルオーガンジーテープ)をつける
②レースアプリケをつける
③細いコードをフレンチノット・S位置で交差させながらくぐらせる

24ページ　ギャザーの花のコサージュ

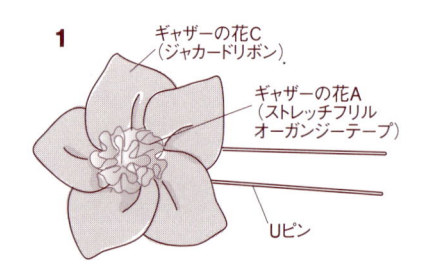

1　ギャザーの花C（ジャカードリボン）／ギャザーの花A（ストレッチフリルオーガンジーテープ）／Uピン

2　ギャザーの花C（ジャカードリボン）／ギャザーの花A（ストレッチフリルオーガンジーテープ）

1（花の直径　約6cm）

花弁	ジャカード（80027）	クリーム色(1)	35	32
花しん	ストレッチフリルオーガンジーテープ(4686)	黄色(13)	10	25

その他の材料　Uピン

2（花の直径　約6.5cm）

花弁	ジャカード（80029）	赤茶色(3)	37	32
花しん	ストレッチフリルオーガンジーテープ(4686)	緑(23)	10	25

作り方ポイント
●38、41、42ページを参照して花を作り、組み合わせてまとめる。ヘアアクセサリーにするときはUピンをつける。

32ページ　プリーツの花のオーナメント

1　プリーツの花（エンブロイダリーリボン）／ワープレスリボン

2　実物大型紙／フェルト2枚／フェルトの表側に縫い止める／手芸綿を詰めてかがる

1（花の直径　約3.5cm）

花弁	エンブロイダリーリボン(1544)	ピンク(6)	6	100(2個分)
〃	〃	薄紫(7)	6	〃
〃	〃	紫(9)	6	〃
花しん	ワープレスリボン(4674)	紫×緑(7)	9	20(2個分)
〃	〃	えんじ色×薄緑(9)	9	〃
〃	〃	茶色×青緑(16)	9	〃

その他の材料　フェルト14×8cm／手芸綿／ブローチピン

作り方ポイント
●48ページを参照してプリーツの花を作る。花弁と花しんの組み合わせは適宜に。
●2はフェルトでハート形の土台を作り、6個の花を縫い止め、裏側にブローチピンをつける。

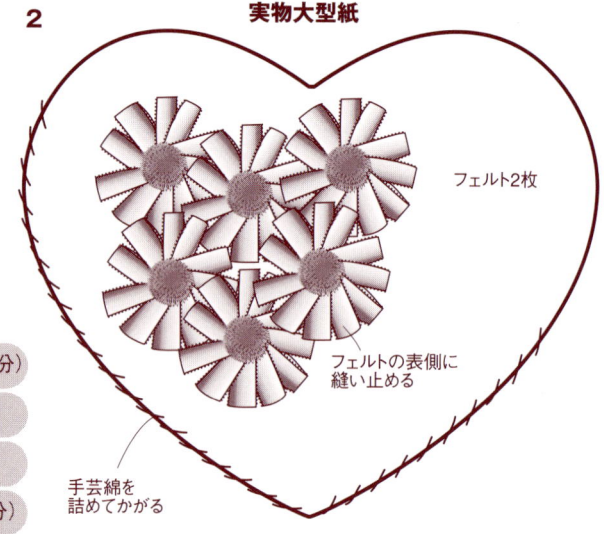

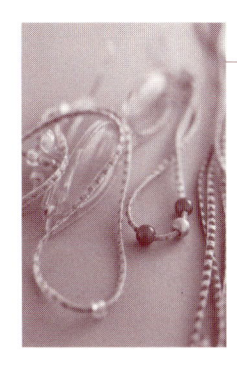

33ページ　メガネコード&ストラップ

メガネコード

シェニールコード(9815)	黄緑(2)	3.5	80

その他の材料　グラスコードパーツ／ビーズ適宜

ストラップ

シェニールコード(9815)	黄緑(2)	3.5	38

その他の材料　ストラップパーツ／ビーズ適宜

作り方ポイント
- 好みのビーズを通し、右の図を参照して作る。

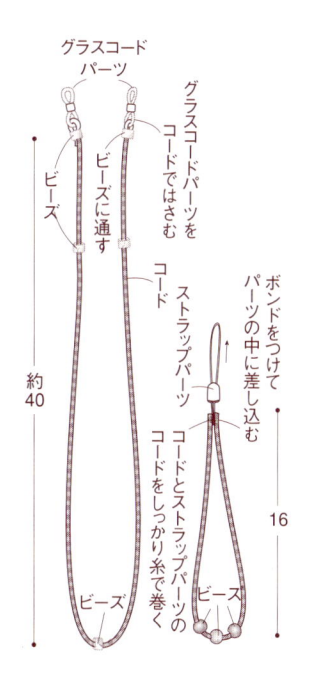

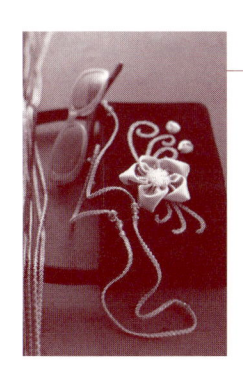

図：
- グラスコードパーツ
- グラスコードパーツをコードではさむ
- ビーズ
- ビーズに通す
- コード
- ストラップパーツ
- ボンドをつけてパーツの中に差し込む
- コードとストラップパーツのコードをしっかり糸で巻く
- ビーズ
- 約40
- 16

34ページ　パーティーバッグ&メガネコード

パーティーバッグ

花弁	サテンリボン(1150)	グレー(5)	36	38
花しん	ビーズつきストレッチリボン(4672)	白(00)	10	30
つぼみ	サテンリボン(1150)	グレー(5)	15	16(2個分)
コード	メタリックコード(0919)	淡緑×金(18)	3	85

その他の材料　既製のバッグ

メガネコード

ストラップ	メタリックコード(0919)	ベージュ×金(18)	3	80

その他の材料　グラスコードパーツ／ビーズ適宜

作り方ポイント
- メガネコードは右上の図を参照して作る。

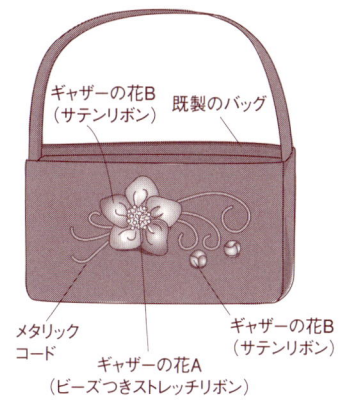

図の説明：
- ギャザーの花B（サテンリボン）
- 既製のバッグ
- メタリックコード
- ギャザーの花A（ビーズつきストレッチリボン）
- ギャザーの花B（サテンリボン）

35ページ　メガネコード

1

ストレッチツイストコード(4689)	青×緑(1)	3	80

2

ストレッチツイストコード(4689)	黄緑×紫(8)	3	80

その他の材料(1、2共通)　グラスコードパーツ／ビーズ適宜

小倉ゆき子（おぐら・ゆきこ）　ニードルワークアーティスト。「NHKおしゃれ工房」講師。刺しゅうをはじめとするニードルワークの分野で活躍。エレガントで自由闊達な作風と確かな技術に定評がある。国内での個展のほか、フランスのテキスタイルアーティスト、ファニー・ヴィオレとともに作品展を開催するなど、柔軟な活動が注目を浴びている。リボンワークに関する著書も多く、『リボンワーク』（雄鶏社）、『リボン刺しゅう』『基礎と応用のステッチ リボン刺しゅうの本』（ともに日本ヴォーグ社）、『リボンでつくるアクセサリー』『ウエディングリボンワーク』（ともに小社刊）などがある。

撮影	南雲保夫
ブックデザイン	竹盛若菜
スタイリング	田中まき子
トレース	day studio
校正	広地ひろ子
技術編集	唐澤紀子
編集協力	宮下信子
編集	長坂美和、高山幸恵
リボン提供	MOKUBA
材料のお問い合わせ	株式会社 木馬

〒111-8518　東京都台東区蔵前4-16-8
TEL：03-3864-1408　FAX：03-3864-4201
営業時間 9：00～12：00／13：00～17：30（土・日・祝日 休）

NHKおしゃれ工房
リボンでつくる花のアクセサリー

2003（平成15）年2月15日　第1刷発行
2006（平成18）年7月10日　第5刷発行

著者　小倉ゆき子
　　　ⓒ2003　Yukiko Ogura
発行者　大橋晴夫
発行所　日本放送出版協会
　　　〒150-8081　東京都渋谷区宇田川町41-1
　　　TEL：03-3780-3398（編集）
　　　TEL：048-480-4030（販売）
　　　http://www.nhk-book.co.jp
　　　振替　00110-1-49701
印刷・製本　凸版印刷株式会社

乱丁・落丁本はお取り替えいたします。
定価はカバーに表示してあります。
Ⓡ〈日本複写権センター委託出版物〉
本書の無断複写（コピー）は、著作権法上の例外を除き、著作権侵害となります。
ISBN4-14-031119-3　C2077　Printed in Japan